AF258187

LES CONSEILS

DE

L'INSTRUCTION PUBLIQUE

PAR

CHARLES JOURDAIN

Membre de l'Institut

Ancien Membre du Conseil supérieur de l'Instruction publique

Ancien Inspecteur général de l'enseignement supérieur

EXTRAIT DU *CORRESPONDANT*

PARIS

JULES GERVAIS, LIBRAIRE-ÉDITEUR

29, RUE DE TOURNON, 29

1879

LES CONSEILS

DE

L'INSTRUCTION PUBLIQUE

PAR

CHARLES JOURDAIN

Membre de l'Institut
Ancien Membre du Conseil supérieur de l'Instruction publique
Ancien Inspecteur général de l'enseignement supérieur

EXTRAIT DU *CORRESPONDANT*

PARIS

JULES GERVAIS, LIBRAIRE-ÉDITEUR

29, RUE DE TOURNON, 29

1879

LES CONSEILS

DE

L'INSTRUCTION PUBLIQUE

Parmi les questions que soulève l'organisation générale de l'instruction publique, il n'y en a pas de plus grave que la constitution des autorités qui doivent présider à l'enseignement. Les lois ont par elles-mêmes une force qui frappe tous les yeux; de quelque manière qu'elles soient appliquées, elles pèsent d'un grand poids sur les affaires; quand elles sont mauvaises, le pays en souffre plus ou moins. Comment contester cependant que l'interprétation qu'elles reçoivent dans la pratique ne puisse aggraver singulièrement leurs défauts ou diminuer leurs bienfaits? Telle jurisprudence abusive trompera les intentions libérales et bienveillantes du législateur; telle autre annihilera les sages précautions qu'il avait prises, les utiles garanties qu'il avait établies dans l'intérêt général. On voit se produire des déviations de ce genre dans toutes les branches de l'administration; mais c'est dans l'instruction publique surtout qu'elles sont à craindre, parce que l'appréciation des faits y est plus difficile, et par conséquent l'application de la loi plus délicate que partout ailleurs. Ajoutez qu'en matière d'éducation, la loi ne peut pas déterminer tout à l'avance, et qu'elle laisse naturellement en dehors de son domaine beaucoup de points, tels que les règlements d'études et les programmes d'examen, qui intéressent de la manière la plus directe et les familles et l'État. De là résulte la nécessité universellement reconnue d'une autorité compétente, à qui le législateur remet le soin de compléter son œuvre et d'en assurer le maintien et le succès : mission laborieuse et complexe, qui s'étend à la fois aux écoles publiques et aux écoles privées, qui touche aux droits et aux devoirs de quiconque participe à l'éducation de la jeunesse; mission qui peut être une œuvre de paix et de conciliation;

mission dans laquelle on peut aussi faire acte d'intolérance et d'injustice, et en arriver à ne plus respecter les plus claires intentions du législateur. Que l'article 7 du projet de M. Jules Ferry contre la liberté de l'enseignement ait eu le privilège d'émouvoir l'opinion ; que par son audace même cette odieuse atteinte aux droits de la conscience religieuse ait soulevé dès le premier moment tous les esprits sincèrement libéraux, quelle que fût leur bannière politique, nous n'avons aucune peine à le comprendre ; mais il ne faudrait pas que l'indignation qu'ils ont éprouvée leur fît perdre de vue un second projet de M. Ferry, aussi téméraire et plus grave peut-être que celui dans lequel il a glissé un arrêt de proscription contre les communautés enseignantes : nous voulons parler du projet sur les conseils de l'instruction publique, dont le rapporteur à la Chambre des députés a été M. Chalamet, ancien professeur d'humanités au lycée de Lyon. Ce projet a eu le malheur de venir le dernier, et d'être discuté sur la fin de la session, lorsque la Chambre était déjà fatiguée de longs débats sur la liberté de l'enseignement. La commission réclama et obtint facilement l'urgence ; le débat ne dura que trois jours et les orateurs de la droite, MM. Daguilhon-Pujol, Blachère et Granier de Cassagnac, ayant à parler devant une assemblée lasse et distraite, ne parvinrent pas sans peine à faire entendre de judicieuses et éloquentes protestations mêlées à d'utiles avertissements. La majorité radicale avait hâte de partir en vacances, et, avant de se séparer, elle voulait avoir voté la nouvelle loi : double motif pour qu'elle ne permît pas à la discussion d'avoir l'ampleur que les questions engagées comportaient. Mais quelques discours de plus n'auraient rien changé au résultat : chacun pouvait le prévoir, et le vote qui a eu lieu n'a pas été un seul jour incertain. L'opinion publique, de son côté, s'était habituée à regarder la disposition relative aux associations religieuses comme le point capital de la lutte si follement ouverte par quelques-uns des membres du ministère actuel contre la société chrétienne. Elle a paru croire qu'il lui suffirait de vaincre sur ce point pour que tout fût sauvé. Sans oublier les services qu'avait rendus le Conseil de l'instruction publique, tel que les lois de 1850 et de 1873 l'ont constitué, elle ne les a fait valoir que très timidement ; sans approuver la composition ni les attributions des nouveaux conseils, elle ne s'est pas rendu compte des énormités, funestes pour les écoles publiques et fatales à la la liberté, que recèlent les propositions de M. Ferry, en partie amendées, en partie aggravées par la Chambre des députés. La cause n'est pas jugée ; elle est pendante devant le Sénat, dont les résolutions peuvent être modifiées par la controverse publique. Il n'est donc pas trop tard pour signaler l'injustice des reproches adressés à l'ancienne organisation, et les étonnants défauts de celle qu'on propose d'y substituer. Nous éprouvons, quant à nous, d'autant moins de scrupule à élever la voix, disons mieux, nous nous y sentons d'autant plus obligé, que la cause à défendre n'est pas celle d'un parti, quelque respectable qu'on le suppose : les dangers qu'il s'agit de prévenir menacent l'enseignement national, envisagé sous tous ses aspects et à tous ses degrés. Les écoles libres ne sont pas les seules qui soient en péril; l'Université est elle-même compromise. Si les combinaisons que M. Jules Ferry a insérées dans son projet de loi, et qui ont trouvé trop facilement faveur devant la Chambre des députés, devaient prévaloir devant le Sénat, il faudrait désespérer de l'avenir des écoles de l'État et de la bonne direction de l'éducation française.

I

Et d'abord quelles ont été jusqu'ici les autorités préposées en France à l'instruction publique ?

Nous ne voulons pas nous enfoncer dans la nuit des temps ni emprunter des exemples au moyen âge pour les offrir à la génération actuelle. Nous n'irons pas au delà de l'époque voisine de la Révolution, où l'Université de Paris vit, comme elle l'avait déjà vu plus d'une fois, sous Henri IV et sous Louis XIV, s'élever, à côté d'elle, et à certains égards au-dessus d'elle, une commission qui avait tous les caractères d'un conseil de l'enseignement.

L'expulsion de la Compagnie de Jésus venait de créer une situation singulièrement embarrassante pour le gouvernement de Louis XV. Il avait à pourvoir d'urgence au vide énorme que les Jésuites avaient laissé dans l'éducation de la jeunesse; il avait de plus, en assurant le présent, à préparer l'avenir par d'intelligentes réformes dans les collèges de l'Université. A qui cette double tâche fut-elle confiée ? Ce ne fut pas à la faculté des arts, malgré les titres qu'elle y avait par son expérience professionnelle : ce fut à la magistrature et à l'épiscopat. Trois commissaires choisis dans le sein du Parlement, MM. de Laverdy, Roussel de la Tour et le président Rolland; deux conseillers d'État et un maître des requêtes, MM. d'Aguesseau, Gilbert et Taboureau; l'archevêque de Sens, M. de la Roche-Aymon, l'évêque d'Orléans, M. de Jarente, furent chargés de tout examiner et de préparer des règlements sur tout. Ils ouvrirent des enquêtes, firent des rapports et soumirent au Parlement les projets d'édits qu'ils avaient jugés opportuns. Ils commencèrent par ordonner la suppression des petits collèges qui pour la plupart tombaient en ruines, la réunion de leurs boursiers au collège Louis-le-Grand, ancienne propriété des

Jésuites, le déplacement des collèges de Lisieux et de Beauvais. Un peu plus tard, afin d'assurer le recrutement du professorat, ils établirent ce que nous appelons encore aujourd'hui un concours d'agrégation pour les classes de grammaire, d'humanités et de philosophie, la philosophie comprenant alors la physique et les mathématiques; et telle fut la sagesse du règlement sorti de leurs délibérations, que plusieurs articles de ce règlement sont restés en vigueur. Renouvelés en 1808, altérés de loin en loin, mais restaurés presque aussitôt, ils ont survécu à tous les changements de gouvernement et d'administration.

Ce qui n'est pas moins digne d'attention que ces travaux de réforme générale, c'est l'organisation des bureaux d'administration établis près des collèges par l'édit de février 1763. Dans les villes de Parlement, le bureau devait se composer de l'archevêque ou évêque, du premier président de la Cour, du procureur général, des deux premiers officiers municipaux, de deux notables et du principal. Dans les autres villes, le premier président et le procureur général étaient remplacés par le premier officier de la justice royale ou seigneuriale du lieu et par les magistrats chargés du ministère public. En résumé, la très grande majorité des membres était prise en dehors du corps enseignant. Et cependant quelles étaient les attributions du bureau? Elles touchaient par mille endroits à ce qu'il y a de plus intime dans la vie des écoles. A l'exception des professeurs de théologie, dont la nomination était réservée à l'autorité diocésaine, le bureau nommait et révoquait tous les autres professeurs ou régents et le principal. Il arrêtait les heures et la durée de l'enseignement, accordait les congés et les vacances, préparait les règlements généraux de discipline intérieure, sauf l'homologation du Parlement. Il fixait les traitements des professeurs et les pensions des émérites, régissait les biens et revenus des collèges, vérifiait les comptes des dépenses et des recettes, ordonnait les réparations et constructions, réglait les baux à ferme et à loyer, les emprunts, les remboursements, les acquisitions et ventes de biens.

A côté du bureau d'administration, il est vrai qu'on avait d'abord établi au collège Louis-le-Grand un bureau de discipline, exclusivement composé d'anciens maîtres de la faculté des arts, et auquel était dévolue la mission de surveiller les études, les mœurs et la tenue intérieure de la maison. Ce bureau de discipline avait à proprement parler la direction morale de l'établissement; mais, en dépit des vœux de l'Université de Paris, les lettres patentes du 20 août 1767 supprimèrent l'institution, en alléguant qu'une juridiction spéciale pour le collège Louis-le-Grand était inutile, et qu'il valait mieux le soumettre comme tous les autres collèges au tribunal du recteur;

le Parlement en réalité voulait accroître les pouvoirs du bureau d'administration qui se trouvait composé, à Paris comme en province, de magistrats et de notables. A mesure qu'on avance, on voit de plus en plus s'affermir et s'étendre le patronage des hautes situations sociales sur l'éducation. Le président Rolland, qui fut l'âme de la réforme, a fait imprimer le *Recueil des délibérations les plus importantes prises par le bureau d'administration du collège Louis-le-Grand.* En parcourant ce recueil, on est frappé de la variété des objets que ces délibérations ont embrassés; on peut aussi se convaincre aisément de l'influence qu'elles ont exercée à tous les points de vue sur l'instruction publique jusqu'à l'époque de la révolution française et même depuis.

Ainsi les derniers jours de l'ancienne monarchie ont vu s'accomplir, dans le service de l'éducation nationale, une série de changements tels, qu'il y en a eu rarement d'aussi considérables, et ces changements se sont accomplis par les soins de magistrats et de prélats, réunis dans une commission qui aurait pu s'appeler le grand conseil des universités; l'initiative et la direction n'en ont point appartenu à des hommes d'école. Assurément ceux-ci furent consultés plus d'une fois; ils rédigèrent des mémoires et adressèrent à qui de droit des observations; et ce serait manquer d'exactitude et de justice de ne pas rappeler que le règlement d'études et de discipline du collège Louis-le-Grand, règlement plein de sagesse et de prévoyance, fut l'œuvre de quatre anciens recteurs, MM. Ribaillier, Lebeau, Lallemand et Valette-Neveu. Mais si les maîtres de la faculté des arts furent en diverses occasions invités à émettre un avis, ils n'eurent jamais aucune part aux délibérations d'où sortaient les ordonnances rénovatrices de l'enseignement; quelquefois même ils entravèrent l'exécution des mesures les plus opportunes, loin d'y applaudir, de s'en montrer reconnaissants et de les seconder. Qui croirait que l'institution si bien conçue et si utile du concours de l'agrégation rencontra dans certains rangs de l'Université une opposition presque factieuse, qui désolait le président Rolland, et que le Parlement eut quelque peine à calmer? « Les Universités », disaient les opposants, et il y avait des opposants à la Sorbonne, au collège de Navarre et à celui d'Harcourt, « les Universités sont souveraines pour l'éducation; à elles seules appartient le droit de faire des règlements sur cette matière. » Si de pareilles prétentions avaient pu prévaloir, si l'autorité royale trompée avait laissé à l'Université de Paris le soin de se gouverner et de se réformer elle-même, qui douterait que l'œuvre de la réforme n'eût été pour longtemps ajournée, sinon sérieusement compromise?

Voilà la leçon que nous donne le passé, en ce qui concerne les autorités qui peuvent diriger de haut l'enseignement avec le plus de profit pour la jeunesse et pour l'État. Quels sont les exemples que nous offrira l'histoire des temps nouveaux ?

II

Lorsque Napoléon organisa, par le décret du 17 mars 1808, l'Université impériale, fondée deux ans auparavant par une loi, il établit à côté du grand maître, pour la régir, un conseil composé de dix conseillers titulaires ou à vie et de vingt conseillers ordinaires institués chaque année. Ce conseil se divisait en sections pour y expédier les petites affaires et y préparer les grandes, sur lesquelles il était statué en assemblée générale.

Les conseillers titulaires devaient être choisis, aux termes de l'article 70 du décret de 1808, six parmi les inspecteurs et quatre parmi les recteurs ; les conseillers ordinaires, parmi les inspecteurs, les doyens et professeurs des facultés et les proviseurs des lycées. Devant ces dispositions, il était permis de supposer que l'Université nouvelle allait être gouvernée par des chefs sortis de ses rangs, et que les traditions de l'ancienne monarchie, qui s'en remettait au Parlement et à l'épiscopat pour la direction des écoles, allaient être abandonnées. Si telle fut l'espérance de quelques membres du corps enseignant, ils ne tardèrent pas à être détrompés. Nonobstant les termes du décret de 1808, la composition du Conseil de l'Université, de 1810 à 1814, a offert les noms suivants : M. de Villaret, évêque de Casal, chancelier de l'Université ; M. de Bausset, ancien évêque d'Alais, chanoine de Saint-Denis ; M. l'abbé Émery, ancien supérieur général de la communauté de Saint-Sulpice ; M. de la Malle, avocat, bientôt conseiller d'État ; M. de Nougarède, président à la Cour impériale de Paris ; M. Desrenaudes, ancien membre du Tribunat, jadis grand vicaire de M. de Talleyrand, lorsque celui-ci était évêque d'Autun ; M. de Bonald, déjà célèbre comme publiciste et comme philosophe par sa *Théorie du pouvoir politique et religieux* et par son grand ouvrage sur la *Législation primitive* ; M. Delambre, M. Cuvier, M. Legendre, M. de Jussieu, tous membres de l'Académie des sciences ; M. Guéroult, directeur de l'École normale, un des maîtres les plus éminents et les plus goûtés de l'ancienne Université de Paris. Au nombre des conseillers ordinaires siégeaient à la même date M. Chabot de l'Allier, conseiller à la Cour de cassation ; M. Guieu, maître des requêtes, également conseiller à la Cour de cassation : M. l'abbé Roman, chanoine de Notre-Dame ; puis des inspecteurs généraux qui n'avaient jamais enseigné, tels que M. Joubert, à qui le recueil de ses pensées et de ses lettres, tardivement publié par sa famille, a valu de nos jours une renommée posthume et méritée de moraliste ingénieux et d'écrivain délicat.

Parmi les personnes qui ont donné quelque attention par goût ou par devoir aux vicissitudes de l'enseignement dans notre pays, nul n'ignore l'importance des travaux d'organisation accomplis, et la quantité des règlements et des circulaires publiés durant les six années qui séparent le décret de 1808 et la chute du premier empire. De cette époque, vraiment féconde pour les études, date en grande partie la législation universitaire. Mais quels ont été en immense majorité les législateurs? Nous venons de le voir : des évêques, un supérieur de séminaire, des conseillers d'État, des conseillers à la Cour de cassation et à la Cour d'appel, quelques membres de l'Institut. Voilà ceux qui, réparant les ruines accumulées par les pouvoirs révolutionnaires, substituant aux promesses de creuses théories les vues pratiques d'esprits expérimentés, sont parvenus, au prix de bien des efforts, à restaurer en France l'enseignement.

A la chute de l'empire, le Conseil de l'Université fut remplacé par une commission composée d'abord de cinq membres et plus tard de sept, que l'ordonnance du 1er novembre 1820 constitua en Conseil royal de l'instruction publique. La plupart des membres du nouveau conseil avaient occupé une chaire de haut enseignement ; mais sont-ce leurs services comme simples professeurs qui avaient désigné au choix du gouvernement M. Georges Cuvier, M. Silvestre de Sacy, M. Poisson? N'est-ce pas la juste renommée qu'ils s'étaient acquise dans le monde savant par d'admirables travaux? Le rôle politique joué par M. Royer-Collard n'avait-il pas contribué à sa nomination plus efficacement que deux années de leçons à la faculté des lettres de Paris? M. Gueneau de Mussy n'avait pas professé. M. Rendu sortait du cabinet de M. de Fontanes et de la magistrature. M. l'abbé de Frayssinous, qui n'était pas encore évêque d'Hermopolis, avait alors pour titre principal les conférences qu'il avait prêchées à Saint-Sulpice avec un incomparable succès. Dans la suite, nous avons vu siéger au Conseil de l'instruction publique MM. Thénard, Villemain, Cousin, Dubois, Saint-Marc Girardin, Jouffroy, de Rossi, Orfila, Giraud. A l'exception de M. Giraud et de M. Orfila, tous étaient députés ou pairs de France. Quatre ont connu les périlleux honneurs du ministère : M. Cousin et M. Villemain ont été ministres de Louis-Philippe; M. de Rossi, ministre de Pie IX; M. Giraud, ministre de Louis-Napoléon, alors président de la république. Sous la monarchie de Juillet, le Conseil de l'Université a été un conseil d'hommes éminents dans les lettres, dans la science et dans la politique, tout autant qu'un conseil d'hommes d'école.

Illustres comme savants et comme écrivains, mêlés aux affaires du pays, la plupart de ses membres devaient leur autorité et leur influence, moins encore au souvenir de cours applaudis, qu'à leur renommée et à leur participation au gouvernement. La position sociale qu'ils occupaient et l'expérience qu'ils avaient acquise leur ont permis de rendre à l'enseignement public des services qu'il y aurait une souveraine ingratitude à ne pas reconnaître. Ajouterons-nous que des conseillers inamovibles, si haut placés, devaient causer quelque ombrage à l'autorité ministérielle et gêner sa prérogative ? Aussi M. de Salvandy s'efforça-t-il d'échapper, sinon à leur contrôle, du moins au danger de tomber sous leur joug, en leur adjoignant, sur la fin de 1845, vingt conseillers ordinaires, nommés pour une année, et exclusivement choisis dans les rangs élevés de la hiérarchie universitaire. Ce n'était pas, comme on l'a cru et répété, revenir au décret de 1808; c'était l'exécuter pour la première fois : car, en ce qui concerne la composition du Conseil, ce décret était resté jusque-là une lettre morte.

Nous n'avons point parlé des conseils académiques, et cependant leur histoire a également son côté instructif. La France étant partagée, au point de vue universitaire, en un certain nombre d'académies, chacune est gouvernée, comme on sait, par un recteur qui a près de lui, pour l'assister, un conseil académique. Une disposition un peu vague du décret de 1808 porte que les conseils académiques doivent être composés de fonctionnaires et officiers de l'académie. Que fallait-il entendre par ces derniers mots? La pratique ne tarda pas à leur donner la seule interprétation qui fût conforme à la nature des choses et aux besoins du service. Une circulaire de la commission de l'instruction publique du 12 décembre 1818, permit d'adjoindre aux inspecteurs, auxiliaires officiels du recteur, des magistrats, des membres du clergé et des notables; et cette adjonction devint une règle qui depuis lors n'a pas cessé d'être suivie jusqu'en 1850. Elle a même été, en certain cas, appliquée d'une manière si large, nous pourrions dire si libérale, que, malgré la présence des doyens des facultés dans les conseils académiques, l'élément universitaire s'y est trouvé en quelque sorte étouffé par les éléments étrangers à l'enseignement public. Nous citerons comme exemple le conseil de l'académie d'Aix. Parmi les seize membres dont il se composait en 1843, nous voyons siéger l'archevêque d'Aix, le premier président de la Cour royale, le procureur général, le premier avocat général, un président de chambre, le sous-préfet de l'arrondissement, le maire de la ville, un chanoine honoraire, le conservateur des hypothèques. Si le même fait ne se reproduit pas partout dans les mêmes proportions, si même, dans un certain nombre de villes, l'archevêque ou l'évêque, pour un motif ou pour un autre, ne fait pas partie du conseil académique, il n'y a pas un conseil en 1844 et dans les années suivantes où ne soient appelés à siéger des magistrats, que souvent accompagnent le préfet du département, le receveur général, le maire de la ville, des conseillers généraux ou municipaux, même des ingénieurs des mines ou des ponts et chaussées. En général, ce sont les membres étrangers au corps universitaire qui forment la majorité.

L'organisation dont les conseils académiques faisaient partie n'avait pas été créée en vue de la liberté. Beaucoup de leurs attributions concernaient exclusivement les lycées et les collèges. Ils instruisaient les affaires disciplinaires pouvant donner lieu à des poursuites contre les membres du corps enseignant. Cependant ils avaient vu s'élargir peu à peu le cercle où ils se recrutaient. On avait compris que, même sous le régime du monopole, d'autres voix que des voix de pédagogues peuvent être entendues très utilement pour tout le monde, sur des matières de pédagogie, et à plus forte raison sur les questions litigieuses qui touchent aux droits et à l'honneur des personnes.

Il faut donc pousser l'ignorance ou l'audace à un degré peu ordinaire, pour oser soutenir qu'anciennement l'Université s'administrait elle-même, et que la loi de 1850, troublant mal à propos cette situation heureuse, a pour la première fois soumis le professorat à des contrôles étrangers. L'esprit de parti seul peut adopter cette thèse ; elle est séduisante et commode ; elle n'a que le tort d'être absolument contraire à la vérité historique. Nous laissons de côté pour l'instant le point de savoir s'il est utile ou non que les maîtres qui se consacrent à l'éducation de la jeunesse soient seuls admis à siéger dans les conseils de l'instruction publique ; nous nous bornons à constater deux points de fait : le premier que, sous l'ancienne monarchie, ni la haute direction de l'enseignement ni le gouvernement intérieur des collèges n'ont été entre leurs mains ; le second que, depuis 1808, sous le premier Empire comme sous la Restauration et sous la monarchie de Juillet, si la juridiction scolaire leur a été attribuée, tantôt ils l'ont partagée avec des membres qui ne faisaient pas partie du corps enseignant, tantôt ils ont été représentés par sept ou huit conseillers, vrais dictateurs chacun dans son domaine, qui, bien que sortis des rangs de l'Université, appartenaient surtout aux lettres, à la politique et à la haute administration.

Est-ce la tradition qui a raison et qui doit l'emporter ? Sont-ce au contraire les inventions nouvelles dont M. Paul Bert est l'auteur, que M. Ferry s'est appropriées et que la Chambre des députés vient d'adopter ? C'est ce que nous examinerons plus loin.

III

Qu'a fait cependant le législateur de 1850? Il avait à choisir entre deux partis. Il pouvait placer à la tête de l'instruction publique un conseil composé de quelques membres seulement, qui aurait rappelé plus ou moins le Conseil de l'Université, non pas tel que M. de Salvandy l'avait réorganisé, mais tel qu'il existait avant 1845. Il pouvait aussi établir un conseil moins restreint, dont les éléments seraient empruntés à des sources multiples.

Les conseils peu nombreux ont leurs avantages. Les délibérations y sont plus courtes sans être moins éclairées, les décisions plus promptes et même plus fermes, la jurisprudence moins vacillante, nous pourrions dire moins capricieuse. Lorsque Turgot proposait à Louis XVI de créer un grand conseil de l'éducation nationale, il ne voulait y admettre qu'un petit nombre de membres; et il faut bien reconnaître que l'Université de France n'a jamais été plus prospère qu'à l'époque où elle avait très peu de conseillers. Mais qu'on veuille bien se reporter à l'année 1850: quelles préventions n'existaient pas alors contre l'ancien Conseil! Les membres du corps enseignant, dont il avait blessé les droits ou seulement les prétentions, maudissaient son autorité qu'ils qualifiaient de tyrannique; M. de Salvandy venait de le briser, après avoir dénoncé au pays ses empiètements sur la prérogative ministérielle; les partisans de la liberté d'enseignement voyaient en lui l'adversaire le plus constant et le plus sérieux obstacle que leurs justes revendications eussent rencontré. Comment le maintenir en présence de toutes ces oppositions, ou comment y substituer un conseil analogue, qui aurait bientôt donné lieu aux mêmes préventions, aux mêmes défiances, aux mêmes antipathies et qui n'aurait pas eu le même prestige pour les surmonter?

Le législateur de 1850 dut adopter, par conséquent, le second parti qui s'offrait à lui : il dut songer à établir un conseil assez nombreux pour que tous les intérêts engagés dans la question de l'enseignement fussent représentés, non pas seulement les intérêts universitaires, mais ceux des établissements libres, mais ceux des familles et d'une manière plus générale ceux de l'État. Ce qui importait, c'était qu'aucun de ces intérêts ne fût oublié, qu'aucun ne fût sacrifié, que les uns et les autres eussent des défenseurs assez haut placés pour les faire valoir utilement, et en même temps animés d'un sincère esprit de conciliation qui permît de faire succéder, entre les écoles publiques et les écoles privées, la paix à la guerre, la concorde à la défiance, une émulation féconde à des luttes haineuses, trois fois stériles pour le pays. Est-ce donc juger avec trop d'indulgence le législateur de 1850, que de prétendre qu'il s'est inspiré de ce programme, et qu'il l'a en grande partie rempli ?

Le Conseil de l'instruction publique, tel qu'il l'a constitué, devait comprendre quatre archevêques ou évêques élus par leurs collègues, un ministre de l'église réformée et un ministre de l'église de la confession d'Augsbourg élus par les consistoires, un membre du consistoire central israélite élu par ses collègues : c'était la part de représentation accordée à l'intérêt religieux. Et pourquoi cette part ? Pour deux motifs : le premier, c'est que la religion, qu'on le veuille ou non, qu'on s'en félicite ou qu'on s'en irrite, occupant aujourd'hui et devant occuper toujours une place immense dans l'éducation de la jeunesse française, il parut essentiel de donner à cet égard une garantie aux familles soucieuses de la foi de leurs fils. Le second motif, c'est qu'il y avait déjà en France, au 1ᵉʳ janvier 1850, cent vingt écoles secondaires ecclésiastiques ou petits séminaires, peuplées d'environ vingt mille élèves. Était-il permis de faire abstraction de ces écoles, qui, relevant de l'épiscopat, ne pouvaient être convenablement représentées que par les délégués de l'épiscopat ?

A côté des évêques, des pasteurs et d'un israélite, siégeaient trois conseillers d'État et trois conseillers à la Cour de cassation, les premiers mêlés par l'exercice quotidien de leurs fonctions aux affaires administratives les plus considérables, ayant par conséquent et possédant au plus haut degré le sentiment vrai des besoins du pays ; les seconds, accoutumés à saisir le côté légal des questions, gardiens fidèles de la loi et du droit ; les uns et les autres vivant au milieu des hommes, sachant apprécier, en leur qualité de pères de famille, les vœux des familles, très aptes d'ailleurs à y répondre, sans préjudice pour les intérêts publics ni pour les intérêts privés. Le législateur de 1850 leur avait adjoint trois membres de l'Institut, élus en assemblée générale des cinq Académies : c'étaient les représentants spéciaux de la science, des lettres et de l'art. Venaient ensuite huit membres, appartenant à l'enseignement public, choisis par le gouvernement parmi les anciens conseillers de l'Université, les inspecteurs généraux, les recteurs et les professeurs de facultés. Ces huit membres, qui recevaient seuls un traitement, étaient inamovibles ; ils formaient une section permanente, qui se réunissait dans l'intervalle des sessions, avec la mission d'assister constamment le ministre dans l'administration des écoles publiques, lycées, collèges, facultés de tout ordre. Le Conseil se complétait par l'adjonction de trois membres de l'enseignement libre, à la nomination du président de la république.

Nous demandons si un conseil ainsi composé n'offrait pas, en principe, toutes les garanties qui pouvaient être réclamées, à quelque point de vue que ce fût. Quelques esprits pouvaient regretter l'ancien Conseil de l'Université, mais nous avons dit pourquoi son maintien ne fut pas jugé possible. D'autres pouvaient s'étonner que des évêques fussent appelés à venir siéger autour d'une même table, à côté de pasteurs et de rabbins ; mais le Saint-Siège écarta ce reproche en invitant les prélats de France à concourir à l'exécution de la nouvelle loi. Serait-il arrivé que le choix des personnes désignées par l'élection de leurs pairs ou par le gouvernement pour faire partie du Conseil n'eût pas répondu aux espérances du législateur? Mais bien au contraire, s'il y eut jamais une assemblée digne de la confiance et des respects du pays, nous osons dire que c'est le Conseil nouveau, dont les séances s'ouvrirent au ministère de l'instruction publique, le 13 août 1850, sous la présidence de M. de Parieu. Nous ne pouvons citer tous les noms, mais nous devons au moins en rappeler quelques-uns pour répondre aux accusations qui s'efforcent de surprendre la crédulité d'une foule facile à tromper.

Là siégeaient, comme délégués de l'épiscopat : l'archevêque de Reims, Mgr Gousset, un des plus savants théologiens et un des esprits les plus conciliants de ce temps; l'archevêque de Tours, Mgr Morlot, qui a dans la suite occupé le siège de Paris; l'évêque de Langres, depuis évêque d'Arras, auteur de remarquables ouvrages sur la liberté d'enseignement; enfin l'évêque d'Orléans, dont le nom nous dispense de tout autre commentaire. L'Institut était représenté par M. Thiers, par M. Flourens, un des secrétaires perpétuels de l'Académie des sciences, et par M. Beugnot, de l'Académie des inscriptions et belles-lettres. La Cour de cassation avait délégué son premier président, M. Portalis, son procureur général, M. Dupin, et M. Laplagne-Barris; le Conseil d'État, M. Bethmont, membre du gouvernement provisoire en 1848, M. Frédéric Cuvier et M. de Saint-Aignan. M. Franck, de l'Académie des sciences morales, représentait le consistoire central israélite. Quant à la section permanente du Conseil, elle se trouvait composée des anciens conseillers de l'Université, à l'exception de M. Ambroise Rendu qui venait de prendre sa retraite, et qui avait été remplacé par M. l'abbé Daniel, recteur de l'académie de Caen. Elle comptait par conséquent dans ses rangs les hommes qui avaient le plus honoré et le mieux servi l'instruction publique : M. Thénard et M. Cousin, M. Saint-Marc Girardin et M. Dubois, M. Poinsot et M. Charles Giraud. Ni les amis de la liberté ni les défenseurs des droits de l'État n'avaient donc à se plaindre; les causes différentes peut-être, mais non pas opposées qu'ils soutenaient, avaient chacune les interprètes les plus autorisés qu'elles pussent rencontrer. Les partisans du progrès n'avaient pas

à craindre que l'esprit de routine l'emportât dans une assemblée
qui possédait dans son sein quelques-uns des écrivains et des savants
les plus éminents qu'il y eût alors en France; et ceux qui redou-
taient les innovations hasardées, les expériences aventureuses, pouvaient de leur côté se rassurer et avoir pleine confiance dans la
nouvelle institution à qui la loi venait de remettre les destinées de
l'enseignement.

Une des conséquences faciles à prévoir du coup d'État du 2 décembre 1850 fut un changement profond dans l'organisation du
Conseil supérieur de l'instruction publique. Les membres élus qui
recevaient jusque-là leur mandat du libre choix des corps auxquels
ils appartenaient, furent nommés désormais par le gouvernement.
Ce qui était beaucoup plus grave, la section permanente fut sup-
primée, de sorte que les écoles de l'État, délaissées pour ainsi dire
par la loi, se virent exposées à pâtir des inévitables erreurs dans
lesquelles tombent les autorités les mieux intentionnées, quand elles
ne sont ni éclairées ni contenues. Cependant la composition même
du Conseil supérieur ne fut pas sensiblement altérée; à l'exception
de trois sénateurs, ses membres continuèrent à être choisis dans
les catégories que le législateur de 1850 avait indiquées, et les
nouveaux venus n'étaient pas indignes de succéder à ceux qu'ils
remplaçaient. En effet, les nouveaux venus, ce furent, entre autres,
M. Dumas, M. Le Verrier, M. Nisard, M. Ravaisson, M. Élie de
Beaumont, M. Brongniart, M. Michel Chevalier, le général Morin,
M. de Saulcy. On a pu regretter, sous l'empire, que la voix de
M. Cousin, que celle de M. Dubois fussent condamnées au silence;
mais on a continué d'entendre celle de M. Thénard, de M. Saint-
Marc Girardin, de M. Poinsot, de M. Giraud. M. Dupin cessa de
représenter la Cour de cassation, mais M. Portalis continua, comme
premier président, d'apporter dans les débats l'autorité de son expé-
rience et de sa parole. A côté de quelques-uns des membres de
l'épiscopat qui avaient fait partie de l'ancien conseil, on vit siéger
dans le nouveau l'archevêque de Paris, Mgr Sibour, et l'évêque de
Troyes, Mgr Cœur. Avec le temps, les vides que la mort avait faits
furent remplis par des membres tels que le président Bonjean, M. de
Royer, M. Vuitry, M. Guigniaut, M. Victor Le Clerc, M. Milne
Edwards, le cardinal archevêque de Rouen, Mgr de Bonnechose,
M. Silvestre de Sacy, le général de Chabaud-Latour, M. Labrouste,
l'excellent directeur du collège Sainte-Barbe, remplacé au Conseil
par M. Dubief, qui lui avait succédé dans l'administration de cette
illustre maison. Nous ne pouvons citer tous les noms qui se pressent
dans nos souvenirs et sous notre plume. Nous ne voulons pas
cependant omettre ceux de M. Dutrey et de M. Danton, de M. Faye,

et de M. Glachant, inspecteurs généraux ; de M. Vieille, aujourd'hui recteur de l'Académie de Dijon. Le Conseil posséda aussi quelques années dans ses rangs Mgr Darboy, destiné à une fin prématurée et glorieuse. Parmi les reproches qui peuvent être justement adressés à l'administration impériale, il ne faut donc pas placer celui d'avoir fait de mauvais choix pour le Conseil supérieur de l'instruction publique. Assurément elle ne s'est adressée, comme c'était son droit évident, qu'à des hommes qui étaient des amis, ou du moins qui n'étaient pas des ennemis avérés de l'empire ; mais ceux à qui elle a fait appel et qui lui ont prêté le concours de leur autorité personnelle et de leur dévouement, s'étaient par le mérite élevés au premier rang, les uns dans les hautes fonctions sociales, les autres dans les sciences, dans les lettres et dans l'enseignement.

La loi du 19 mars 1873 restitua au libre suffrage de leurs pairs le choix des membres du Conseil supérieur, dont les décrets de 1852 avaient attribué la nomination au gouvernement. En même temps elle modifia d'une manière assez profonde l'organisation du Conseil. Ainsi, elle introduisit dans ses rangs un membre de l'armée, un membre de la marine, cinq membres de l'Institut au lieu de trois, un membre du Collège de France, un membre de chacune des facultés de droit, de médecine, des sciences et des lettres, un membre de l'Académie de médecine, un représentant du conseil des arts et manufactures et de chacun des conseils de l'agriculture et du commerce. En raison du droit de représentation accordé pour la première fois aux facultés de différents ordres, le nombre des membres de l'enseignement public choisis directement par le gouvernement fut réduit de huit à sept ; celui des membres de l'enseignement libre fut porté de trois à quatre. Malgré ces modifications, la pensée qui avait inspiré le législateur de 1850 n'était point altérée ; loin de là, elle recevait une application plus large, de mieux en mieux appropriée aux besoins et aux vœux du pays. Le Conseil, à qui la haute direction de l'enseignement était remise, devenait la représentation de plus en plus exacte des intérêts sociaux, et comme le faisceau de toutes les forces vives que renferme la nation, unies dans la pensée commune d'assurer à la jeunesse une éducation forte, sagement réglée et sérieusement utile. La faute, selon nous, du législateur de 1873, ce fut de sacrifier une disposition très importante de la loi de 1850, en ne rétablissant pas au sein du Conseil supérieur une section permanente, à qui fussent confiées, dans l'intervalle des sessions, les affaires concernant les lycées, facultés et autres établissements de l'État. La section eût été naturellement composée de membres de l'Université, et elle serait devenue pour le corps enseignant une garantie très appréciée des professeurs, pour le ministère un auxihaire très autorisé, et par conséquent très précieux, dont l'absence a été une source fréquente d'embarras. Malgré la bonne volonté qu'il y mit, M. Jules Simon, alors ministre, ne put arriver à s'entendre avec l'Assemblée nationale pour le rétablissement d'une institution si nécessaire. Il fit alors de son mieux pour la remplacer, et provoqua un décret du président de la république, portant création d'un comité consultatif de l'enseignement public. Le comité, réorganisé à diverses reprises, a rendu à l'État des services que nous taisons, parce que nous n'avons pas le droit de nous juger nous-mêmes ; mais, quelles que fussent la haute position de quelques-uns de ses membres et la bonne volonté de tous, il n'avait pas l'autorité, il n'inspirait pas la confiance que la loi seule peut donner aux institutions qui ont reçu d'elle et leur existence et leurs attributions. Il n'était pas inférieur à sa tâche, mais sa tâche était mal définie et sa juridiction précaire. A part la regrettable lacune que nous venons d'indiquer, la loi de 1873 paraissait destinée à rester longtemps la règle souveraine de l'instruction publique, et le conseil qu'elle instituait semblait l'emporter par sa composition sur ceux qui l'avaient précédé, sans être moins dévoué aux intérêts du pays, moins résolu à les étudier et à les servir.

Mais on ne juge pas une grande institution seulement par les noms de ceux qui en ont fait partie ; il faut encore l'avoir vue à l'œuvre et s'être rendu compte de ce qu'elle a fait.

IV

Qu'a donc fait parmi nous, depuis trente ans, le Conseil supérieur de l'instruction publique? Car nous n'avons pas l'intention de distinguer le conseil de 1850, celui de 1852 et celui de 1873 : tous ces conseils, à nos yeux, sont solidaires les uns des autres ; tous sont issus de cette même pensée que la direction de l'éducation nationale ne doit pas être la mission exclusive de quelques maîtres attitrés, mais l'œuvre commune de toutes les forces sociales, agissant de concert sous l'égide de la loi.

M. Jules Ferry et M. Chalamet ont tracé le tableau le plus sombre de la période qui s'étend de 1850 à nos jours. M. Chalamet la dénonce comme « la plus malfaisante de notre siècle pour l'instruction publique ». S'il faut en croire l'ancien professeur du lycée de Lyon, « ces représentants des grands intérêts sociaux qui avaient été placés au Conseil pour régénérer l'enseignement national, ont assisté comme témoins impassibles ou comme complices à l'abaissement des études, à l'humiliation des professeurs. » M. Ferry, de son côté, dans le discours qu'il a prononcé, le 19 juillet dernier, devant la Chambre des députés, représente quelques-unes des éléments introduits dans le Conseil par la loi de 1850, comme « un obstacle à tout progrès, à toute réforme »; et dans ce langage dont il a le secret, mais qui ne saurait être offert aux jeunes gens comme un modèle d'urbanité et de délicatesse, il déclare, en parlant des membres du clergé et de la magistrature, que « ce n'est pas assurément dans ces deux corps qu'on a l'habitude de recueillir et de racoler les esprits novateurs ».

A ces allégations trop peu réfléchies, que nous voudrions pouvoir n'imputer qu'à l'ignorance des faits, nous opposerons le récit très succinct des œuvres du Conseil supérieur.

Son premier titre à la reconnaissance du pays, c'est d'avoir organisé parmi nous la liberté de l'enseignement. Il ne suffit pas que le mot de *liberté* soit écrit dans la loi pour que la liberté existe; il faut qu'elle passe dans les mœurs; que, dans la nation, les uns s'accoutument à la pratiquer, les autres à en respecter l'usage; qu'elle ne soit ni déshonorée par la licence ni entravée dans son exercice par les rigueurs d'une réglementation trop sévère. La route à parcourir est semée d'écueils d'autant plus périlleux, qu'il s'agit d'une liberté nouvelle que la nation ne connaît pas ou qu'elle ne connaît plus; d'une liberté qui a suscité beaucoup de luttes et qui compte encore des adversaires nombreux et puissants; d'une liberté enfin qui touche aux intérêts les plus chers des familles, aux droits des consciences, à ce qu'il y a de plus délicat dans les rapports de l'autorité religieuse et du pouvoir civil. C'est l'honneur du Conseil supérieur de s'être montré constamment fidèle à l'esprit qui avait inspiré le législateur. Il n'a jamais mis obstacle, sinon dans l'intérêt des mœurs, à l'ouverture des établissements libres; et plus d'une fois il a levé les oppositions formées par les préfets ou par les recteurs et validées par les conseils départementaux. Il a libéralement appliqué l'article de la loi du 15 mars 1850, qui permettait aux départements et aux villes de concéder des bâtiments et d'accorder des subventions pécuniaires aux écoles privées; mais, quand une école devait être dirigée par une communauté religieuse, il n'a jamais toléré que cette communauté figurât dans l'acte, que le traité fût conclu avec elle; il a toujours exigé que la convention à intervenir fût passée au nom du directeur effectif de l'établissement, et qu'elle eût une durée limitée qui ne dépassât jamais neuf années. Il a été d'avis que les évêques eussent la faculté de prendre d'anciens collèges, transformés en institutions libres, sous leur patronage, mais à la condition expresse que ces institutions auraient un chef ayant satisfait aux conditions imposées par la loi, et que ce chef serait seul en rapport avec l'autorité publique, seul responsable

envers elle de la discipline et du bon ordre de la maison. Enfin le
Conseil supérieur a souvent proposé au ministre de l'instruction
publique d'accorder à des étrangers l'autorisation d'enseigner en
France; mais, plus sévère que les conseils départementaux, il a
plus d'une fois refusé les dispenses que ces conseils et les recteurs
eux-mêmes avaient trop légèrement approuvées. Lorsqu'il s'est agi de
l'exercice de la liberté, on peut affirmer qu'il n'a jamais fait acception
de la religion des parties en instance; il a tenu entre tous les cultes
la balance égale; catholiques, protestants, israélites, ayant tous, aux
yeux de la loi, les mêmes droits, ont été traités avec la même équité.
Certains jugements qui portaient interdiction du droit d'enseigner
ont été cassés; d'autres en plus grand nombre ont été confirmés;
mais en général le Conseil était plutôt porté à modérer les peines
qu'à les élever. Il portait d'ailleurs dans les affaires disciplinaires
une attention scrupuleuse qui, ne laissant échapper aucun détail de
la procédure, relevait souvent quelque circonstance favorable à
l'inculpé, laquelle avait échappé aux premiers juges. Ces délibérations, que l'amour seul de la vérité animait, avaient généralement
lieu sur le rapport d'un conseiller d'État ou d'un conseiller à la Cour
de cassation, qui portait dans l'examen des affaires confiées à ses
soins l'impartialité, le sens pratique et la modération en quelque
sorte naturels à sa profession. A tous les justiciables, nous souhai-
terions de pareils rapporteurs et de pareils arbitres.

Malgré les garanties offertes à la liberté par cette juridiction équi-
table, nous pourrions dire paternelle, il est constant que depuis 1850 le
nombre des institutions secondaires laïques a sensiblement diminué.
Au 1er mars 1854, on en comptait 825; il n'en restait déjà plus que
657 en 1865; la statistique publiée l'année dernière et qui s'arrête
à l'année 1876 n'en comprend que 494. Mais un régime de liberté
est un régime de concurrence, et la concurrence a un résultat loué
par les uns, maudit par les autres, mais infaillible, qui est de pro-
fiter aux forts et de préjudicier aux faibles. Elle a eu en matière
d'enseignement ses effets ordinaires : elle a fait disparaître beaucoup
de petits pensionnats qui n'étaient pas en mesure de soutenir la
double lutte imposée à leur faiblesse, lutte contre les établissements
ecclésiastiques d'une part; lutte, d'autre part, contre les lycées du
gouvernement. Car il ne faut pas croire que les écoles du clergé
aient seules bénéficié de la décadence des écoles laïques; les lycées
y ont contribué et en ont profité dans une large proportion, comme
le prouve l'accroissement si notable du nombre de leurs élèves, qui
était de 21 623 en 1854, et qui s'est trouvé porté en 1876 jusqu'à 40 995. Il faut bien se dire d'ailleurs que l'élévation des loyers,
la cherté croissante de tous les objets nécessaires à la vie, devaient

porter le coup le plus funeste à toutes les maisons d'éducation à qui de vastes locaux sont indispensables et qui, ayant à pourvoir à l'entretien d'un nombre plus ou moins grand d'élèves, ne pouvaient pas cependant augmenter les frais de pensionnat suivant la progression des dépenses. Dans les conditions auxquelles le succès s'achète aujourd'hui, nous doutons qu'il puisse appartenir, longtemps du moins, à d'autres établissements qu'aux lycées de l'État, que subventionne largement le budget, à quelques collèges communaux, aux établissements laïques soutenus, comme le collège Sainte-Barbe, par une association puissante, enfin aux maisons ecclésiastiques, dans lesquelles l'enseignement sera toujours un apostolat, et la charité chrétienne la plus sûre et la plus féconde des ressources.

Nous venons de nommer les lycées; ne doivent-ils donc rien au Conseil supérieur de l'instruction publique, tel qu'il a été constitué depuis trente ans? Il en existait 54 en 1849; il en existe 82 qui sont en exercice, et auxquels viendront bientôt s'ajouter 4 autres dont l'ouverture est décrétée; et cependant nous avons perdu ceux de Metz, de Strasbourg et de Colmar. Sous la Restauration et la monarchie de Juillet, 18 seulement avaient été créés; depuis la loi de 1850, 32 ont pris naissance. Qu'on veuille bien le remarquer, il n'en est pas un sur la fondation duquel le Conseil supérieur n'ait été appelé à se prononcer. La pensée du gouvernement d'alors était d'avoir un lycée au moins par département, afin que, sur tous les points du territoire, les familles eussent la faculté de choisir entre l'enseignement libre, ecclésiastique ou laïque, et l'enseignement donné au nom de l'État. Le Conseil s'est associé à cette pensée, en dépit des objections élevées par quelques personnes, la plupart membres de l'Université, qui eussent préféré qu'elle eût un moins grand nombre d'établissements, mais des établissements mieux organisés et moins dispendieux pour le trésor public.

En même temps que de nouveaux lycées, de nouvelles facultés ont été créées sur l'avis du Conseil : des facultés des lettres à Clermont, à Douai et à Nancy; des facultés des sciences à Clermont, à Lille, à Marseille, à Nancy et à Poitiers. La loi sur les universités catholiques venait à peine d'être promulguée, le Conseil autorisait par son vote l'ouverture de deux facultés de droit à Montpellier et à Lyon, et de deux facultés de médecine à Lille et à Toulouse, facilitant ainsi à l'enseignement de l'État les moyens de lutter contre l'enseignement libre. De bons juges, nous ne l'ignorons pas, regrettent cette diffusion du haut enseignement; ils le voudraient concentré dans quelques villes. Leur opinion ne nous paraît pas dépourvue de raison. Comme eux, nous pensons qu'il serait bon pour le pays de posséder cinq ou six centres, dans lesquels toutes les facultés seraient réunies, toutes les branches principales des sciences et des lettres seraient enseignées. Est-ce à dire qu'en dehors de ces centres lumineux aucune autre faculté ne devrait exister ? Nous n'hésitons pas à dire que l'administration qui afficherait de pareilles idées se heurterait dans la pratique à des difficultés insurmontables que le Conseil a eu la sagesse de ne pas affronter. Par des mesures, après tout favorables à la propagation des connaissances humaines, il a travaillé à donner satisfaction, dans la mesure du possible, aux vœux des populations. Qui oserait l'en blâmer?

La conséquence des décisions que nous venons de rappeler a été un accroissement très considérable du personnel enseignant, accroissement qui a surtout profité à l'enseignement scientifique. Pour ne parler que des lycées, on y comptait naguère environ 1500 professeurs ou chargés de cours; d'après les dernières statistiques, on en compte 2349, dont 719 occupent des chaires de sciences ou d'enseignement spécial.

Les collèges communaux n'ont point participé, dit-on, depuis 1850 à la prospérité des autres écoles publiques; il en existait alors 306, il n'en existe plus aujourd'hui que 252. Mais il faut considérer d'une part que 24 collèges ont été transformés en lycées, et que d'autre part nous en avons perdu 17 compris dans les départements enlevés à la France par les malheurs de la guerre. Cette perte n'est pas compensée à beaucoup près par l'acquisition de quelques collèges de la Savoie et du comté de Nice. Mais comment s'étonner de la mauvaise fortune de ceux qui ont succombé? Ils étaient en général mal dotés, pourvus d'un personnel très médiocre, et déjà désertés par les familles à l'époque même où l'État se réservait le monopole de l'enseignement. Le jour où la liberté aurait lui, leur disparition était à prévoir. Des juges plus sévères que nous diraient qu'elle était à souhaiter dans l'intérêt et pour l'honneur de l'Université.

Parmi les fonctionnaires les plus modestes, mais non pas les moins utiles dans une maison d'éducation, il faut sans doute ranger les maîtres qui vivent continuellement avec les jeunes gens, qui les surveillent aux heures du travail, de la récréation et des repas, qui couchent au même dortoir, et qu'on appelle des maîtres d'études. M. Jules Ferry s'occupera-t-il d'améliorer leur sort, de les relever dans l'estime des élèves et des familles? Nous n'en doutons pas; mais il est bon de rappeler au ministre actuel de l'instruction publique que telle fut aussi la pensée de ses devanciers et celle du Conseil supérieur. Le Conseil eut à discuter plusieurs fois des projets de règlement à ce sujet qui lui furent soumis par M. Fortoul et M. Rouland; il prit part à de bienfaisantes réformes, et s'il n'est pas parvenu à résoudre toutes les difficultés, c'est qu'elles sont à beaucoup d'égards insolubles, et que nulle combinaison administrative, quelque ingénieuse qu'elle paraisse, ne saurait suppléer à l'esprit de sacrifice et de dévouement, si rare dans notre société, et cependant si nécessaire chez celui qui consacre ses jours et ses nuits à veiller sur des enfants.

On n'attend pas de nous que nous passions en revue tous les points qui ont été l'objet des délibérations du Conseil supérieur ; ce serait écrire l'histoire de l'administration de l'instruction publique depuis un quart de siècle. Mais pouvons-nous omettre le rôle qu'il a joué dans les questions d'enseignement? C'est surtout à cet égard que sa compétence est contestée. On lui reproche de s'être montré l'esclave de la routine et l'esclave plus docile encore des caprices ministériels, de n'avoir empêché aucune faute, de ne s'être prêté à aucun progrès, d'avoir épuisé sa force à comprimer les élans généreux et les aspirations fécondes. Comment n'élèverions-nous pas la voix pour réduire à néant ces accusations injustifiables ?

Quelle est aujourd'hui la question capitale en matière d'enseignement? Est-ce la question des méthodes? Il est peut-être utile, et, selon nous, il serait utile de modifier en quelques points la manière de procéder en usage dans nos écoles ; peut-être y a-t-il lieu et, suivant nous, il y aurait lieu de supprimer certains exercices et d'en développer d'autres, de cultiver un peu moins la mémoire, un peu plus le jugement chez les élèves ; mais ce sont là des changements qui ne vont pas au fond des choses, des changements sur lesquels les avis peuvent être partagés, sans que les études périclitent, des changements enfin qu'un bon professeur saura toujours introduire dans la classe, de lui-même, par sa propre initiative, sans se mettre en lutte avec les règlements actuels. S'agirait-il de donner une nouvelle extension à l'enseignement scientifique? Mais, sous l'impulsion du Conseil supérieur, il a déjà reçu des développements considérables ; les chaires qui le distribuent sont, comme on l'a vu plus haut, en fort grand nombre, et, à moins de supprimer l'étude des lettres dans les lycées, on ne voit pas trop comment on pourrait y faire une part plus grande à l'étude des sciences. En tout cas, l'attention publique ne se porte pas de côté ; elle paraît satisfaite des résultats obtenus, des progrès accomplis, et elle ne demande pour le moment rien au delà. Nous ne parlons ni de l'enseignement des langues vivantes ni de celui de la géographie, singulièrement négligés avant 1850, et qui aujourd'hui ont acquis d'une manière définitive droit de cité dans nos établissements d'instruction. Il en est de même de l'étude du dessin, organisée dès 1853 sous l'influence de notre confrère et ami M. Ravaisson, encouragée dans la suite par des concours, devenue obligatoire depuis un an pour tous les élèves des lycées, à partir de la classe de sixième. Tous ces points, désormais acquis, ont été acquis, nous ne cesserons de le répéter, grâce au concours du Conseil supérieur; mais il a été mêlé très étroitement à une autre question, qui est assurément la plus importante aussi bien que la plus difficile de toutes, nous voulons parler de l'organisation d'un enseignement nouveau, approprié aux vocations de cette partie considérable de la jeunesse qui se destine à l'industrie, au commerce ou à l'agriculture.

La question ne date pas d'hier, et si nous en recherchions les origines, nous devrions remonter jusqu'à Louis XIV, qui fit un jour reprocher à l'Université de n'enseigner qu'un peu de latin et de négliger bien d'autres études non moins utiles à la jeunesse qu'à l'État lui-même.

A la fin du dix-huitième siècle, le président Rolland, M. Jules Ferry connaissait-il ce nom, lorsqu'il a dénoncé en termes si amers l'incompétence des magistrats dans les questions d'instruction publique? le président Rolland demandait que l'enseignement ne restât point exclusivement littéraire, mais que ses cadres fussent élargis, et autant que possible adaptés à la variété des aptitudes, des vocations et des carrières. « Faut-il, disait-il, que celui qui n'a pas de goût pour l'étude des langues ni besoin de les cultiver reste sans culture et sans instruction? Les écoles publiques ne sont-elles destinées qu'à former des ecclésiastiques, des magistrats, des médecins et des gens de lettres?... Il me semble que le commerce et les arts devraient y trouver les connaissances qui leur sont nécessaires. »

Depuis l'époque où Rolland adressait au Parlement de Paris ces remarquables paroles, la société s'est transformée; l'industrie et le commerce ont pris d'immenses développements; le nombre de ceux qui s'y adonnent s'est accru dans une proportion énorme; ils forment dans la nation la moitié pour le moins des classes éclairées : n'ont-ils pas le droit de réclamer pour leurs enfants une éducation en harmonie avec la carrière que ces enfants se proposent de suivre? Mais quelle éducation? Tel est le problème qui s'est imposé en France depuis un demi-siècle à tous les ministres de l'instruction publique.

En 1833, on crut le résoudre en créant des écoles primaires supérieures; mais ces écoles, très utiles à quelques égards, ne réussirent qu'imparfaitement, soit que le cadre de leur enseignement fût trop restreint, soit que le nom qu'elles portaient offusquât la vanité des parents riches. En 1847, M. de Salvandy ajouta aux cours traditionnels des lycées des cours d'enseignement *spécial*, nom alors nouveau dans la langue de l'Université. Ces cours devaient

durer trois ans : les programmes en furent dressés sous les minis-
tères de M. de Falloux et de M. de Parieu. Ils n'échouèrent pas, disons
mieux, ils obtinrent quelque succès : toutefois ils ne répondaient
que bien imparfaitement aux vœux des familles, aux besoins de la
situation. En 1850 et dans les années suivantes surtout, lorsque la
liberté de l'enseignement fit sentir ses premiers effets, la question
que M. de Salvandy avait essayé de résoudre, se représenta au
Conseil supérieur avec une opportunité plus urgente que jamais.
Elle a reçu des travaux du Conseil, de 1852 à 1870, deux solutions
successives : la première sous l'administration de M. Fortoul, la
seconde sous celle de M. Duruy. La solution que M. Fortoul proposa
et qu'il fit prévaloir porte un nom décrié : c'est la *bifurcation*;
mais l'institution, dans sa pensée première, valait mieux que la
dénomination barbare qu'elle reçut. Elle avait pour objet de réunir
dans l'enceinte du même lycée, sous la même direction, les jeunes
gens qui se destinaient au droit, à la médecine, à l'enseignement,
et ceux qui se préparaient aux écoles militaires ou aux carrières
commerciales et industrielles ; de ménager aux uns et aux autres une
éducation appropriée aux intentions de leurs familles ; de les rap-
procher dans des exercices communs où ils apprissent à se connaître ; de donner à ceux de la section des lettres une certaine teinture
des sciences, et d'inspirer à ceux de la section des sciences le goût
des lettres ; non pas d'abaisser les esprits, mais d'agrandir leurs
horizons ; de préparer enfin pour les diverses positions sociales une
jeunesse instruite, capable de les occuper avec honneur pour elle-
même, avec profit pour la société. Comment un tel projet, présenté
avec art, soutenu avec conviction et éloquence, n'aurait-il pas séduit
la majorité du Conseil supérieur ? Cependant il ne fut adopté qu'a-
près de vifs et longs débats, dans lesquels de nombreuses objections
furent élevées au nom de la science par M. Thénard, au nom des
lettres par M. Saint-Marc Girardin. On accuse le Conseil supérieur
d'avoir été fermé aux idées nouvelles, et de généreuses espérances
le poussèrent à accepter toutes les nouveautés que M. Fortoul lui
proposait. Le but pouvait paraître élevé, mais les moyens financiers
étaient trop insuffisants ; le mécanisme qui servait à cacher la pau-
vreté des ressources trop artificiel et trop compliqué ; les traditions,
les intérêts et les droits du corps enseignant trop gravement mé-
connus en beaucoup de points : la bifurcation devait échouer. Quand
elle eut succombé devant l'opposition qu'elle soulevait, le successeur
de M. Fortoul, M. Rouland, revint aux idées de M. de Salvandy. A la
suite d'un rapport à l'empereur, en date du 14 juin 1862, une commission fut chargée par le ministre de réorganiser l'enseignement
industriel et commercial dans les établissements d'instruction pu-

blique. Cette commission avait pour président M. Dumas, de l'Académie des sciences. Il est sorti de ses délibérations une note détaillée sur l'enseignement qu'on appelait alors l'enseignement *intermédiaire*, et un projet de loi qui fut soumis au Conseil supérieur et que le Conseil approuva. M. Duruy, arrivé sur ces entrefaites au ministère, reprit en sous-œuvre le projet de la commission nommée par M. Rouland : il l'amenda, le compléta, le fit agréer par l'Empereur, par le Conseil d'État et par le Corps législatif. Ce projet est devenu la loi du 21 juin 1865 sur l'enseignement secondaire spécial. M. Jules Ferry approuve cette loi ; il la considère avec raison comme un sérieux progrès ; il paie un juste hommage à l'intelligent, honnête et laborieux ministre qui l'a fait adopter et qui l'a développée dans une série de mesures excellentes, et en même temps il dénonce à l'animadversion du pays l'esprit routinier et les tendances rétrogrades du Conseil supérieur. M. Jules Ferry devrait savoir, et M. Chalamet aussi, que cette loi si favorablement jugée, c'est le Conseil qui l'a longuement préparée ; il ne leur était pas permis d'ignorer qu'elle occupe une grande place dans ses travaux. A-t-elle porté tous les fruits qu'on pouvait en attendre ? Hélas ! non ; mais si des germes excellents ont avorté, à qui la faute, sinon en partie au malheur des temps, en partie à l'Université elle-même, qui s'est prêtée d'assez mauvaise grâce, en plus d'un lycée, à l'organisation du nouvel enseignement ?

Nous avons hâte de terminer cette revue historique. Aussi ne parlerions-nous pas du baccalauréat ès lettres, si des règlements actuels de cet examen M. Jules Ferry ne s'était fait un argument devant la Chambre des députés contre le Conseil supérieur. M. Ferry ignore-t-il donc ou a-t-il oublié que le Conseil, remaniant à plusieurs reprises le programme des épreuves, s'est appliqué, selon l'expression de M. Rouland, à les rendre plus intelligentes et plus sûres ? M. le ministre regrette le certificat d'études, et ses paroles nous donnent lieu de craindre qu'il n'ait l'intention de le rétablir. Ignore-t-il donc ou a-t-il oublié que le certificat d'études, condamné en 1831 par M. Cousin, repoussé en 1836 par M. Guizot, devenu dans les années suivantes une arme de guerre aux mains des adversaires de la liberté d'enseignement, a été aboli dès l'année 1849 sur l'avis à peu près unanime du Conseil de l'Université, et que, dans l'Assemblée nationale, pas une voix, ni de la droite ni de la gauche, ne s'est élevée pour le défendre lors de la discussion de la loi du 15 mars 1850 ? M. le ministre attribue à la suppression du certificat la décadence des études ; ignore-t-il donc ou a-t-il oublié que cette décadence est bien antérieure à la date qu'il assigne ? Nous étions de ce temps-là ; deux années de suite, en 1847 et en 1848, nous avons pendant un semestre professé la philosophie au lycée Bonaparte, et nous nous rappelons les gémissements que nous poussions, comme beaucoup de nos collègues, sur l'abandon des classes de philosophie et de rhétorique, sur l'abus des manuels, sur les préparations scandaleusement hâtives et sur les fraudes innombrables auxquelles le malencontreux certificat donnait lieu : garantie impuissante et funeste, qui avait pour résultat de pousser la jeunesse, dès son entrée dans la vie, comme M. Jules Simon le faisait remarquer en 1848, au mensonge et au mépris de la loi. Enfin, M. le ministre ignore-t-il ou a-t-il oublié que si le certificat d'études offre quelques avantages au point de vue de la culture habituelle de l'esprit, ces avantages se retrouvent assurés dans le règlement préparé par M. Jules Simon pendant son ministère, promulgué par son successeur M. Batbie, règlement qui partage l'examen du baccalauréat en deux séries d'épreuves, l'une sur les lettres, l'histoire et la géographie, l'autre sur la philosophie et les sciences ? Car ces deux séries d'épreuves ne pouvant être subies qu'à une année d'intervalle, celui qui a satisfait à la première, ses humanités terminées, est bien obligé, avant d'affronter la seconde, de laisser écouler une année qu'il consacre nécessairement à la philosophie. Aujourd'hui donc l'obligation à laquelle le certificat d'études servait de sanction est rétablie en fait, sans être un péril pour la liberté et sans motiver aucune des objections qu'elle soulevait sous sa forme ancienne.

Voilà quelles ont été les œuvres de cette assemblée dans laquelle le législateur avait convoqué l'élite des serviteurs du pays pour travailler de concert à la haute direction de l'enseignement national. Non, nous pouvons le dire, elle ne méritait pas ces reproches que le radicalisme a lancés contre elle, avec autant de violence que d'injustice, par l'organe de M. Ferry et de M. Chalamet ! Non, elle n'a pas trahi les espérances que l'État et les familles avaient fondées sur la sagesse de ses membres. Le Conseil supérieur s'est montré le protecteur énergique et impartial de la liberté de l'enseignement ; il a pour ainsi dire acclimaté parmi nous cette liberté nouvelle, si chère aux uns, si redoutée des autres ; et en même temps il a exercé envers les écoles de l'État la vigilance la plus active et la plus efficace ; il en a augmenté le nombre, il en a développé l'enseignement, il y a introduit beaucoup d'améliorations qui n'ont pas peu contribué à les rendre prospères ; sans se dire novateur, il n'a jamais repoussé une innovation utile. Il n'était donc pas nécessaire de modifier sa composition jusqu'à la détruire. Si quelques réformes avaient été jugées opportunes, il s'y serait aussi facilement prêté qu'à toutes celles dont il a été l'auteur. Un seul point était urgent, comme l'expérience d'une année l'avait appris à M. Bardoux, c'était de rendre à l'Université la représentation permanente et officielle qu'elle avait perdue en 1852, ou, ce qui revient au même, c'était de donner une consécration légale au comité consultatif qui date de M. Jules Simon. Mais une réforme aussi simple ne suffisait pas apparemment à l'ambition de nos modernes jacobins. Comme c'est la coutume des révolutionnaires, au lieu d'améliorer, ils ont préféré tout bouleverser; et ils ont entraîné à leur suite une Chambre dont ils disposaient, invoquant à l'appui de leurs projets désastreux le prétexte de la raison politique. Prétexte misérable qui ne fait illusion à personne! Parole creuse et sonore que nous regrettons d'avoir trouvée deux fois dans la bouche de M. Waddington, une première fois devant un bureau du Sénat, une seconde fois devant le conseil général de l'Aisne. La raison politique, qu'est-ce, en effet, sinon l'argument banal de ceux qui n'ont pas de bonnes raisons à donner de leurs actes ou de leurs desseins? Elle est au service de toutes les causes mauvaises. Elle couvre également la cruauté d'un despote, la pusillanimité des cœurs lâches toujours prêts à trahir leurs convictions, et la suffisance présomptueuse des esprits infatués d'eux-mêmes qui prétendent juger de haut les choses humaines, et qui se croient dispensés de les examiner de près.

Mais que vaut-il en lui-même ce projet que M. Jules Ferry a déposé sur le bureau de la Chambre des députés avec tant de précipitation, et que la Chambre elle-même a voté si rapidement? Quelles améliorations apporte-t-il à la situation présente? quelles garanties nouvelles offre-t-il à l'État, aux familles, à l'Université? C'est ce que nous allons examiner.

V

Le caractère essentiel de ce projet et la prétention avouée de ses auteurs, c'est de composer exclusivement le Conseil supérieur de l'instruction publique de membres appartenant à l'enseignement, et d'en exclure les représentants de la religion, ceux de la magistrature, ceux du Conseil d'État, ceux même de l'Institut.

A quel point M. le ministre de l'instruction publique et les députés qui ont approuvé ses propositions se sont écartés de la tradition constante du pays, les pages qui précèdent l'ont clairement démontré; et devant les faits positifs, irréfragables que nous avons allégués, nous ne croyons pas qu'aucun de nos lecteurs, quelque radical qu'on le suppose, puisse encore soutenir, s'il est de bonne foi, que les écoles de l'Université n'ont été soumises qu'à dater de 1850 à des autorités étrangères, à un contrôle étranger.

Afin de justifier une innovation que l'histoire condamne, on soutient qu'il est important pour l'État, que chacun s'occupe de ce qu'il sait pour l'avoir appris et pratiqué, sans que personne empiète sur la profession des autres ; et de même que dans le conseil des ponts et chaussées la loi n'admet que des ingénieurs ; dans le conseil des bâtiments civils, que des architectes ; dans les conseils de la guerre et de la marine que des généraux et des marins ; de même, dit-on, dans les conseils de l'instruction publique, le législateur ne doit donner entrée qu'à des hommes d'école. Il s'est trouvé dans la presse quotidienne des feuilles graves qui ont pris plaisir à développer ce frivole argument ; nous ne saurions leur en faire honneur. Pour donner avec compétence un avis sur l'organisation de l'armée, le percement d'une route ou le plan d'un édifice, le bon sens dit que des connaissances spéciales et l'expérience que donne la pratique sont indispensables ; et dans la dernière guerre nous avons appris à nos dépens combien il en coûte à une nation d'avoir, pour commander ses soldats, des avocats et des journalistes qui ont eu l'insigne présomption de s'improviser généraux. Mais si l'éducation, sous certains rapports, est un art, c'est un art qui ne ressemble pas à l'art de l'ingénieur ni à celui de l'architecte, non plus qu'à l'art militaire. On l'apprend au foyer domestique. La nature elle-même se charge de donner les premières leçons au père et à la mère. En élevant leurs enfants, ils s'habituent insensiblement à discerner les secrets ressorts qui font mouvoir de jeunes esprits ; les traités des philosophes ne les instruiront jamais autant que ce commerce intime et quotidien avec une âme qui s'éveille à la pensée et à la liberté. L'expérience acquise dans le sein de la famille et les notions qui en résultent se répandent de proche en proche, et il se forme ainsi une certaine somme de connaissances pédagogiques auxquelles bien peu sont étrangers et qui profitent à tous. Voilà pourquoi les pédagogues de profession ne sauraient élever la prétention d'être seuls consultés quand il s'agit de l'éducation de la jeunesse : le privilège exclusif qu'on réclame pour eux, ils le partagent avec beaucoup de parents. Dans plus d'un cas leur appréciation ne vaudra pas celle d'une mère de famille judicieuse.

Le seul argument qu'on puisse invoquer en faveur du projet de M. Ferry est donc plus spécieux que solide ; serré de près, il ne supporte pas l'examen. Mais il y a plus : ce projet a le défaut capital d'écarter des conseils de l'enseignement ceux-là mêmes qui pouvaient y rendre le plus de services. Croit-on que ce fut par un sentiment de déférence irréfléchi et superstitieux que les gouvernements antérieurs aimaient à s'éclairer, en matière d'instruction publique, des avis du clergé et de la magistrature ? Celui qui com-

mettrait une pareille erreur donnerait une pauvre idée de son jugement et de son savoir. Le véritable motif des préférences de nos
pères, c'est que, lorsqu'il s'agit de l'éducation de la jeunesse, les
prêtres et les magistrats sont des juges excellents. Les uns et les
autres ont cela de commun que leurs fonctions les mettent continuellement en rapport avec les hommes, qu'ils les connaissent à fond,
qu'ils n'ignorent ni les écueils contre lesquels la faiblesse humaine
vient échouer, ni les préservatifs qui peuvent la sauver du péril,
ni les moyens de la relever après sa chute. Dira-t-on que cette
science de la vie est superflue chez ceux qui ont entre leurs mains
le gouvernement de l'éducation nationale, et qu'elle ne trouve
jamais son emploi dans les questions soumises à leur examen? Nous
aurons quelque peine à le croire, tant que les défenseurs des idées
de M. Ferry ne nous auront pas démontré que le côté moral de l'é-
ducation peut être sacrifié ou seulement négligé sans un grand dom-
mage pour la jeunesse et pour la société. On conviendra du moins
que la connaissance des lois, l'expérience des affaires sont très utiles
dans un conseil de l'instruction publique, chargé de pourvoir à des
intérêts si nombreux et si complexes. Mais qui connaît mieux qu'un
magistrat, vieilli dans sa fonction, et les affaires et les lois? Qui
saura interpréter les unes, démêler et diriger les autres avec un
discernement plus sûr?

Ce serait une erreur de croire que les vides laissés dans le nouveau Conseil par l'expulsion des représentants de l'ordre judiciaire
pourront être comblés par la présence de deux sénateurs et de deux
députés, élus par leurs collègues. En principe, nous n'avons pas de
parti pris contre l'intervention des membres du parlement dans les
affaires de l'instruction publique. Mais, étant donnée la situation
troublée où nous sommes et où nous resterons longtemps encore,
que représenteront dans le Conseil les députés et les sénateurs,
sinon l'esprit de parti? La passion politique les choisira et elle dic-
tera en général leurs avis; rarement ils apporteront dans les débats
cette impartialité sereine que réclame l'examen des questions d'enseignement. Ils ne seront guère que des témoins, nous dira-t-on; ils
exerceront peu d'influence, perdus qu'ils seront dans une assemblée
d'hommes du métier. Hélas! nous ne voudrions pas décourager
entièrement les espérances qu'on fonde sur la participation d'un
grand nombre de professeurs aux travaux du Conseil. Autant que
personne, nous honorons le corps enseignant; nous savons quelle est
sa solide instruction, et avec quel dévouement il remplit ses laborieux devoirs, sans prétendre ni au pouvoir, ni à la fortune, ni même
à la renommée. Mais quelle est l'aptitude administrative de la plupart
de ses membres? Absorbés par les soins de l'enseignement, ils con-

naissent en général assez mal les hommes et les lois; ceux-là seulement qui occupent des chaires d'instruction supérieure ont le loisir et l'occasion de se livrer à cette double étude. Ce professeur d'un lycée, ce régent d'un collège communal que vous appelez à remplacer au Conseil de l'instruction publique, soit un prélat comme l'archevêque de Paris, soit un magistrat comme le premier président de la Cour de cassation, saura, s'il appartient à l'ordre des lettres, corriger un thème ou une version, expliquer les règles de la syntaxe grecque, faire admirer à ses élèves les beautés de Virgile et d'Homère; s'il appartient à l'ordre des sciences, il saura discerner les propriétés d'un corps, exposer une loi de la nature, démontrer un théorème de géométrie; mais qu'il soit appelé à donner son avis sur un point d'administration ou de discipline, sur un règlement d'un caractère un peu général, sur une de ces questions un peu délicates comme le cours des affaires en amène tous les jours, nous estimons que son embarras ne sera pas médiocre. Il se sentira compétent sur un nombre fort restreint de points très secondaires; sur tous les autres il sera effrayé de son insuffisance, à moins d'être doué d'une forte dose de présomption, assez commune chez les intrigants et chez les faiseurs, et qui leur permet de promener de sujet en sujet, avec une égale assurance, leur verbeuse et tranchante incapacité. On se rendra compte alors du rôle que la magistrature avait eu jusqu'ici dans les conseils de l'instruction publique; on appréciera, mais trop tard, en connaissance de cause les services qu'elle y rendait, et on s'étonnera qu'un ministre ait pu de gaieté de cœur, avec une imprévoyance et une légèreté vraiment inexcusables, rejeter le concours d'auxiliaires si éminents, si expérimentés, serviteurs fidèles de la raison et du droit.

Il y a un autre côté de la question auquel M. Jules Ferry n'a pas daigné songer, et qui cependant aurait dû le préoccuper : ce sont les garanties dues à l'enseignement religieux. Nos radicaux n'aiment pas cet enseignement, et, s'ils en avaient le pouvoir, ils le banniraient des lycées et le relégueraient dans les temples. Mais enfin il existe, et il faut bien le tolérer, sous peine de soulever contre soi les réclamations des familles qui ont quelque souci de transmettre à leurs enfants la foi de leurs pères. Qui représentera ce grand intérêt dans le nouveau Conseil de l'instruction publique? Personne. Les évêques avaient assurément le droit de siéger à côté de la nombreuse armée des représentants de l'enseignement de l'État, car ils ont aujourd'hui sous leur juridiction immédiate cent cinquante écoles secondaires ecclésiastiques, sans compter les collèges libres dont ils ont le patronage. « Comment, disait, en 1850, M. Thiers aux précurseurs de l'intolérance jacobine, dont M. Ferry et ses amis sont aujourd'hui les apôtres,

comment, vous comprenez dans l'enseignement des écoles ecclésiastiques, et vous ne voulez pas que ces écoles aient leur représentant
dans le conseil universitaire ! Mais vous voudriez une chose inique,
absurde, insoutenable ! » Cette chose absurde, inique, insoutenable,
selon M. Thiers, on la veut en ce moment, et on est en train de la
réaliser. Il y a pis encore. Nos évêques sont les juges naturels de la
doctrine, et c'est à eux qu'il appartient, au point de vue religieux, d'apprécier l'enseignement : ils n'en sont pas moins exclus du Conseil
supérieur. Sont exclus comme eux les pasteurs protestants et les rabbins israélites. Tous les cultes ont à subir le même ostracisme, c'est-à-
dire la même injustice et le même outrage. Un député de la gauche,
esprit éclairé, libéral et intègre, M. Émile Beaussire avait demandé
qu'on admît au moins un professeur de théologie de chaque commu-
nion, puisque les facultés de théologie font partie de l'Université
au même titre que les facultés de droit et de médecine, des sciences
et des lettres. Sa proposition a été rejetée par la Chambre à une
immense majorité, à la suite de quelques observations de M. Paul
Bert. Il est entendu pour ces hommes devenus accidentellement, par
un dessein mystérieux de la Providence, les régulateurs de nos
destinées, que même en matière religieuse les seuls juges doivent
être des laïques. Le rapporteur de la loi en donne une raison qui
ferait sourire de pitié, si la matière prêtait à rire; c'est que les questions qui touchent à la religion seraient tranchées par les ministres
des cultes « avec cet esprit d'exclusion qui est le propre de leur
foi personnelle. Ce n'est pas avec la foi, c'est avec le tact, continue
M. Chalamet, avec le sentiment des convenances et un large esprit
de tolérance qu'on doit résoudre ces difficultés. » Ne nous laissons
pas abuser par les formes lâches et flottantes de ce langage équi-
voque; soyons plus précis et plus clairs. C'est à des hommes sans foi
qu'il faut, selon M. Chalamet, confier le jugement des questions où
la foi est engagée; c'est à des maîtres sans religion, qu'il appartient
de décider si un enseignement offense ou non la religion; des écrivains sceptiques ont qualité pour apprécier si un livre est de nature
à troubler dans le cœur d'un enfant les saintes croyances qu'il a
puisées au foyer paternel. Et voilà le régime corrupteur qu'on nous
prépare et auquel on prétend nous assujettir ! Le parti aujourd'hui
victorieux a une telle confiance dans sa propre sagesse et surtout
dans sa force, qu'il espère faire accepter par le Sénat de pareilles
énormités. Y réussira-t-il? Nous ne le croyons pas : mais, s'il devait
réussir, la presse libérale tout entière aurait le devoir de dénoncer
aux familles cette intrusion scandaleuse et impie d'un pouvoir laïque
dans un domaine jusqu'ici réservé aux seuls dépositaires de l'autorité
religieuse.

Lorsque la loi du 19 mars 1873 sur le Conseil supérieur était en discussion à l'Assemblée nationale, M. Vacherot, ce généreux esprit, ce républicain convaincu, dont nul ne pourrait suspecter ni la sincérité ni l'indépendance, fit valoir les raisons les plus fortes en faveur de l'entrée des évêques au Conseil supérieur ; et de son côté, M. Bertauld, alors simple député, aujourd'hui sénateur et procureur général près la Cour de cassation, prononça pour la défense de la même cause les nobles paroles que voici :

« La commission, avec grande raison, disait-il, fait place dans le Conseil supérieur à toutes les grandes influences sociales et morales.

« Ainsi, c'est avec beaucoup de raison, et j'applaudis de grand cœur à son inspiration, qu'elle appelle dans le Conseil supérieur les représentants de l'Église catholique, de l'Église réformée de la confession d'Augsbourg, du consistoire israélite, les représentants de la loi morale, que je ne sépare pas de la loi religieuse.

« C'est encore avec beaucoup de raison, à mon sens, qu'elle appelle des magistrats, des conseillers à la Cour de cassation, des conseillers d'État : ce sont les représentants les plus autorisés du droit.

« C'est avec grande raison aussi qu'elle appelle des représentants de l'armée de terre et de mer. En effet, ils sont la représentation la plus vive, la plus énergique de la nationalité française, de toutes les ardeurs de notre patriotisme.

« C'est enfin avec grande raison qu'elle appelle au sein de cette commission des membres de l'enseignement. Ces membres doivent représenter la liberté d'examen.

« Voilà la part d'éloges que je fais à l'œuvre de la commission. Oui, j'applaudis à tous ses efforts sous tous ces rapports. »

Depuis 1873 le temps a marché, mais les conditions d'existence du Conseil supérieur sont restées les mêmes. Pourquoi se seraient-elles modifiées ? Quel événement a rendu inutiles, dangereux même, les éléments regardés naguère comme absolument indispensables à la composition du Conseil ? Nous avons par conséquent l'espoir que M. Bertauld ne votera pas les exclusions proposées par M. Jules Ferry ; il voudra, en refusant de les ratifier, se montrer fidèle à l'opinion droite et juste qu'il soutenait il y a six ans.

Mais ce ne sont pas seulement des exclusions arbitraires que nous nous permettons de reprocher à M. Ferry ; c'est le mode qu'il a suivi pour la désignation des membres du Conseil supérieur. Que les choix eussent lieu à l'élection, comme en 1850, lorsque l'élection s'appliquait seulement à quatre évêques, à trois conseillers d'État, à trois conseillers à la Cour de cassation, à trois membres de l'Institut, à deux ministres du culte protestant, et à un membre du consistoire central israélite, on le comprend; car, à l'exception des évêques et des pasteurs protestants, tous les électeurs se trouvaient à Paris. Que le principe électif ait été en 1875 étendu à la représentation des établissements d'enseignement supérieur, à celle de l'Académie de médecine et des conseils de l'agriculture, du commerce et des arts et manufactures, on le conçoit encore, bien que l'innovation ait été fort contestée, et que M. Bertauld, en particulier, l'ait attaquée très vivement; mais que fait-on aujourd'hui? Voici qu'on appelle à siéger dans le Conseil supérieur les représentants de tous les établissements d'instruction qui existent sur le sol de la France. Les lycées, les collèges, les écoles primaires, les salles d'asile auront leurs délégués aussi bien que le Collège de France, le Muséum d'histoire naturelle, l'École des chartes et les facultés de différents ordres, à l'exception toutefois des facultés de théologie et de l'École des langues orientales, tenue en suspicion et laissée à l'écart, on ne sait trop pour quel motif. Et comment ces délégués seront-ils nommés? Ils seront élus par leurs collègues. Les scrutins vont s'ouvrir d'un bout à l'autre du pays. Les maisons où s'élève la jeunesse étaient restées jusqu'ici les asiles inviolables de l'étude; on les transforme en sections électorales, c'est-à-dire on y introduit l'agitation, les visées ambitieuses, les rivalités qui engendrent la discorde. On suggère aux meilleurs maîtres, aux plus modestes et aux plus dévoués, des pensées étrangères à leur véritable rôle; on les détourne de l'objet unique de leur mission, qui est de former pour le service de l'État des citoyens vertueux et instruits.

Mais il faut voir de quelle manière, d'après quelles règles s'effectueront ces élections que nous avons le droit d'appeler perturbatrices. L'article 1er du projet donne entrée dans le Conseil supérieur à un agrégé en exercice de chacun des ordres d'agrégation de l'enseignement secondaire classique et spécial, c'est-à-dire à dix agrégés, en y comprenant ceux des langues vivantes; et ces agrégés, la loi les fait élire au scrutin de liste par l'ensemble des agrégés et des docteurs ès lettres ou ès sciences, fonctionnaires des lycées. Sait-on combien il y a de fonctionnaires dans les lycées? 2349, d'après la dernière statistique officielle; encore ne comptons-nous pas les maîtres répétiteurs qui sont au nombre de 1087. Sait-on combien les lycées possèdent d'agrégés de tout ordre? 861. Combien de docteurs? 51. Au total, 913 docteurs ou agrégés. Donc, dans un corps de 2349 fonctionnaires, 913 seulement participeront à l'élection des collègues qui devront représenter le corps. Que sont cependant les 1436 fonctionnaires que la loi laisse en dehors, et qu'elle traite en parias? Ce sont de modestes chargés de cours qui ont vieilli sous le harnais universitaire. La fortune ne les a pas favorisés dans les luttes de l'agrégation ; aussi ne sont-ils point parvenus au titre de professeur. Plusieurs cependant n'en sont pas moins des maîtres pleins de savoir et d'expérience, qui, sur le caractère des enfants, sur la manière de les prendre et de diriger une classe un peu nombreuse, en savent beaucoup plus qu'un jeune agrégé, souvent trop fier de son titre, tout récemment conquis. Malgré leur âge et les services qu'ils ont rendus, la loi les écarte impitoyablement : Est-ce juste? Est-ce prudent? Est-ce conforme à l'esprit d'un régime démocratique?

Nos législateurs se montrent-ils du moins d'accord avec eux-mêmes? Aux collèges communaux ils accordent le droit d'envoyer au Conseil supérieur deux délégués. Là, il eût été difficile de reconnaître comme électeurs seulement les agrégés et les docteurs ; car les collèges communaux n'ont que 47 agrégés et 8 docteurs. Le corps électoral eût été composé de 50 à 60 privilégiés pour 252 collèges peuplés de 2650 régents et de 884 maîtres élémentaires ou maîtres d'études : c'eût été trop peu. Il a donc fallu adjoindre les licenciés qui sont au nombre de 539. Mais de là est résultée cette contradiction flagrante, que les simples licenciés qui ne sont pas électeurs dans les lycées, sont électeurs dans les collèges communaux. Nous connaissons des lycées qui n'ont pas un agrégé, pas un docteur ; ils seront privés du droit de voter. Mais il existe à quelques lieues de là un collège communal dans lequel enseignent quelques licenciés. Ceux-ci, mieux partagés que leurs collègues du lycée voisin, disposeront chacun d'une voix pour la composition du Conseil supérieur.

Et les proviseurs ainsi que les censeurs, quelle situation le projet de loi leur fait-il? Tous, ils comptent de longues années de services, mais beaucoup ne possèdent ni le titre d'agrégé ni le diplôme de docteur : donc les voilà exclus du vote. Leur unique rôle va consister à transmettre au ministère les suffrages déposés entre leurs mains par leurs subordonnés, peut-être par quelque professeur nouveau, hier encore élève de l'École normale supérieure. Croit-on, par de semblables dispositions, relever, dans les établissements d'instruction publique, l'autorité des chefs et le respect qui leur est dû, première condition de la discipline? A la vérité, on pourra nous répondre que la discipline, le respect, l'autorité, sont le moindre souci d'un législateur radical. Nous en tombons d'accord.

L'instruction primaire aura aussi ses délégués au Conseil supérieur. Ils seront au nombre de six, choisis, dit le projet, parmi les membres de l'enseignement primaire et élus au scrutin de liste par le directeur de l'enseignement primaire de la Seine, les inspecteurs d'académie des départements, les directeurs et les directrices des écoles

rmales primaires, la directrice de l'école Pape-Carpentier, les dé-
guées des salles d'asile. On a eu le bon sens d'écarter les institu-
urs dont les suffrages eussent été trop difficiles à recueillir; mais
ur la première fois on fait intervenir des femmes dans la dési-
nation des membres du Conseil supérieur; entend-on aussi qu'elles
uissent y siéger? Assurément le projet de loi ne leur en interdit
as l'entrée. Sur beaucoup de points qui touchent à l'éducation, on
vu que nous accorderions plus de confiance au jugement d'une
ère de famille qu'à celui de tel ou tel professeur, expert en gram-
aire ou en géométrie. Est-ce à dire cependant que des esprits
nsés puissent approuver l'intervention du sexe féminin dans le
uvernement général de l'instruction publique? Il existait, il y a
uelques années, un Conseil supérieur des salles d'asile dont l'im-
ératrice avait le patronage et qui était composé d'un certain nombre
e dames, amies de l'enfance et accoutumées à visiter les familles
auvres. L'institution était excellente, et elle a rendu des services
uxquels nous regrettons qu'on ait renoncé depuis, sans doute à
ause de son origine. Mais quelle sagesse y a-t-il, nous dirions vo-
ontiers quelle folie n'y a-t-il pas à détourner de leurs travaux habi-
uels la directrice d'un établissement utile, les directrices des écoles
ormales primaires et les déléguées des salles d'asile, pour les mêler
 des élections insolites qui ne sont pas dans leur rôle, peut-être pour
es associer à des délibérations qui ne sont pas de leur compétence?
 Ah! combien à l'étranger on rira de nous! Combien on y prendra
n pitié les inventions grotesques et périlleuses que les théoriciens
u radicalisme essayent de substituer à de bienfaisantes traditions
t aux dictées du bon sens! A la tête de l'enseignement ils ne veulent
lus d'un Conseil qui était l'expression élevée de la société fran-
aise, et dans le Conseil qui va le remplacer ils se vantent, avec une
ncomparable naïveté, de n'avoir fait entrer que des pédagogues!
Dans l'ancien Conseil les intérêts en présence étaient des intérêts
ociaux, faciles à concilier, lorsqu'ils ont pour interprètes les écr-
iteurs les plus éminents du pays; dans le nouveau Conseil, les
euls intérêts admis à se faire entendre seront des intérêts d'école.
Il est vrai que depuis le Collège de France jusqu'aux écoles enfan-
ines, jusqu'aux salles d'asile, tous les établissements auront leurs
rganes; mais dans cette juxtaposition d'éléments qui auront des
origines très inégales, les uns si élevés, les autres si humbles, qui
ne voit l'image de la parfaite confusion?
 Nous n'insisterons pas. Après tout, si la composition du Conseil
supérieur doit rester telle que la Chambre des députés l'a réglée,
c'est l'État qui en pâtira; ce sont les écoles de l'État qui seront trou-
blées et abaissées; c'est l'Université qui sera livrée à une agitation

périodique, à des compétitions malsaines, à l'esprit de discorde et d'indiscipline. Que l'Université se défende, qu'elle proteste par les organes dont elle dispose dans la presse, contre les réformes imprudentes dont on la menace. Nous aurons, quant à nous, rempli vis-à-vis d'elle le devoir que nos anciennes fonctions nous imposaient. Mais, quelque intérêt que nous lui portions, il y a une cause qui nous est aussi chère que la sienne, c'est la cause de la liberté. Or, quand on examine à ce point de vue le projet de loi voté par la Chambre des députés, il est aisé de reconnaître qu'il est la négation même de la liberté, négation d'autant plus redoutable qu'elle est indirecte et déguisée.

Le Conseil supérieur, aux termes de ce projet, « donne son avis... sur les règlements relatifs aux examens communs aux élèves des écoles publiques et des écoles libres ; sur les règlements relatifs à la surveillance des écoles libres, sur les livres d'enseignement, de lecture et de prix qui doivent être interdits dans les écoles libres comme contraires à la morale, à la constitution et aux lois... Il statue en dernier ressort sur les jugements rendus par les conseils académiques dans les affaires contentieuses relatives à l'interdiction du droit d'enseigner ou de diriger un établissement d'enseignement public ou libre. » De son côté, le conseil académique « instruit les affaires contentieuses ou disciplinaires relatives aux membres de l'enseignement secondaire ou supérieur, public ou libre, qui lui sont soumises par le ministre ou par le recteur... Il prononce, sauf recours au Conseil supérieur, les décisions et les peines applicables dans les mêmes affaires... L'appel de ses décisions n'est pas suspensif. » Or quelle est la composition du Conseil supérieur ? Il est composé de 55 membres, sur lesquels 43 appartiennent à l'enseignement de l'État, savoir 9 conseillers choisis par le gouvernement parmi les fonctionnaires ou anciens fonctionnaires de l'Université ; 2 professeurs du Collège de France ; 1 délégué du Muséum d'histoire naturelle ; 9 professeurs des facultés de droit, de médecine, des sciences et des lettres, et des écoles supérieures de pharmacie ; 2 professeurs de l'École normale supérieure ; 1 professeur de l'École normale de Cluny ; 1 professeur de l'École des chartes ; 10 agrégés de l'enseignement secondaire ; 2 représentants des collèges communaux ; 6 membres de l'enseignement primaire. Quelle est la composition des conseils académiques ? Le nombre des membres varie selon l'étendue du ressort et le nombre des établissements ; mais dans chaque conseil on trouve le recteur, les inspecteurs d'académie, les doyens et un professeur de chacune des facultés de la circonscription ; 1 professeur des écoles secondaires de médecine ; 1 proviseur ; 1 principal ; 4 professeurs agrégés ou docteurs des lycées ; 2 professeurs les collèges communaux; 2 membres choisis par le ministre dans les conseils généraux et 2 dans les conseils municipaux. A l'exception des quatre derniers membres, le conseil académique se recrute tout entier dans les rangs de l'Université. Telles sont les deux juridictions, composées l'une et l'autre de professeurs de l'État en immense majorité, auxquelles les écoles libres vont se trouver soumises. Si l'établissement de pareilles juridictions n'est pas le renversement de tous les principes de justice et d'équité, les mots de la langue ont perdu leur sens habituel.

Nous demandons la permission de reproduire quelques observations à ce sujet qui ont paru, il y a trois mois, dans le journal *le Français*.

« Aux établissements privés, ecclésiastiques ou laïques, la loi, disions-nous alors, donne un juge qui sera tout ensemble juge et partie. Les justiciables seront des rivaux de l'Université, peut-être les rivaux heureux; cependant, elle les jugera. Elle les fera comparaître devant elle; elle leur demandera compte de leurs intentions; elle prétendra pénétrer au fond de leurs plus secrètes pensées; elle voudra connaître les liens que leur conscience a formés; et, s'ils ne sont pas animés du même esprit qu'elle, s'ils ne suivent pas ses propres directions, après les avoir condamnés en première instance devant le conseil académique, elle les condamnera en appel devant le Conseil supérieur. Dans les affaires civiles, c'est le devoir du juge de se récuser quand il a quelque rapport d'intérêt avec l'une des parties qui se présentent à son tribunal. Dans les procès criminels, le ministère public et l'accusé ont le droit d'écarter les jurés dont ils ont quelque motif de se méfier, et, quand un témoin comparaît devant la Cour d'assises, le président est obligé par la loi de lui demander s'il est parent ou allié de l'accusé, s'il n'est pas attaché à son service. Telles sont les précautions que la sagesse du législateur a prises pour assurer l'impartialité du jugement. Le projet de loi que la Chambre des députés a commis la faute d'adopter n'a pas de ces scrupules, quand il s'agit de l'enseignement. L'Université est-elle seulement appelée à régler ce qui concerne ses propres écoles, facultés, lycées, collèges, écoles normales, écoles communales? Non; elle envahit le domaine de la liberté; elle acquiert la plus injuste prépondérance dans les conseils constitués les arbitres du sort des institutions libres qui, en s'attirant la confiance des familles, causent du tort aux établissements universitaires. Je déclare l'intention d'ouvrir une école libre; c'est l'Université qui décidera en dernier ressort si je puis l'ouvrir. Je mets entre les mains de mes élèves des ouvrages qui n'offensent ni la morale, ni la constitution, ni les lois, mais qui répondent à mes convictions intimes et à celles des familles que je représente; c'est l'Université qui décidera si je puis continuer à me servir de ces ouvrages, ou si, pour les avoir employés, je ne mérite pas ou une réprimande, ou la suspension, ou même l'interdiction du droit d'enseigner. L'Université dressera les programmes auxquels je devrai conformer mon enseignement, sous peine de voir mes élèves échouer dans les examens. Quelle que soit l'affaire qui m'intéresse, je trouverai devant moi, soit au conseil académique, soit au Conseil supérieur, des juges qui ont des intérêts différents des miens, opposés aux miens, des juges à qui mes échecs profitent, à qui mes succès préjudicient. Devant ces conseils, composés d'arbitres intéressés ou prévenus, qui me représentera? qui me protégera? qui me défendra? Voilà pourtant la situation que la loi proposée par M. Ferry fait aux écoles libres. Elle les abandonne au jugement arbitraire de leurs rivaux; elle leur enlève les garanties que le plus humble citoyen trouve devant la juridiction ordinaire. Le jour où cette loi sera devenue une loi de l'État, on pourra dire que le monopole universitaire, abattu il y a trente ans, est rétabli dans les conditions les plus oppressives, et que nos enfants, retombés sous son joug, auront, pour affranchir leurs âmes, à renouveler les luttes soutenues par leurs pères et dans lesquelles, par la seule force de la discussion et de l'éloquence, leurs pères, avec la grâce de Dieu, avaient remporté la victoire. »

En vertu de la loi de 1833 sur l'instruction primaire, la peine de l'interdiction à temps ou à toujours ne pouvait être prononcée contre un instituteur libre ni par le conseil académique, ni même par le Conseil de l'Université, mais seulement par le tribunal civil. M. Guizot, fidèle à lui-même, reproduisit cette disposition dans le projet de loi relatif à l'instruction secondaire qu'il présenta en 1836 à la Chambre des députés. M. Cousin pensait sur ce point comme M. Guizot, ainsi qu'on le voit par le projet qu'il avait préparé en 1840, durant son ministère de six mois. Ces hommes éminents ne voulaient pas, pour l'honneur même de l'Université, que les rivaux de l'Université fussent livrés à sa merci. Cependant ils ne faisaient pas encore aux droits de la liberté une part suffisante; car, en cas de désordre grave dans le régime et la discipline intérieure d'une maison d'éducation, ils proposaient que le directeur de cette maison fût traduit devant les autorités universitaires pour être réprimandé. M. Villemain adopta cette manière de voir dans les deux projets dont il est l'auteur, celui de 1841 et celui de 1844; mais elle échoua devant la Chambre des pairs qui décida que les faits scolaires, pouvant motiver la réprimande, seraient jugés par le tribunal civil. Nous reconnaissons que, dans le projet émané de la commission dont M. Thiers fut le rapporteur en 1844, et dans celui que

M. de Salvandy présenta en 1847, le droit de réprimande est rendu au conseil académique et au Conseil de l'Université; mais quand il s'agit de prononcer contre un maître privé l'interdiction à temps ou à toujours, c'est la juridiction civile qui demeure l'arbitre. On comprenait alors que la plus essentielle des garanties de la liberté, ce sont des juges désintéressés. Nous n'en sommes pas là aujourd'hui. Quand on n'attaque pas de front la liberté, on ruse avec elle; après l'avoir reconnue publiquement en théorie, on s'efforce de l'étouffer à huis clos dans les liens d'une législation captieuse.

Nous n'entendons pas préjuger le vote du Sénat. Ramènera-t-il au sein du Conseil supérieur et des conseils académiques quelques-uns des éléments que M. Jules Ferry en a exclus? Nous l'ignorons. S'il maintient la composition de ces conseils, telle que la Chambre des députés l'a réglée, leur conservera-t-il toutes les attributions qu'ils ont reçues? Nous l'ignorons également. Mais, en supposant que ces conseils gardent le droit d'être consultés sur les programmes d'études et d'examen; en admettant, d'autre part, que sans rester les maîtres du choix des livres, ce qui nous paraîtrait une énormité, ils soient appelés à indiquer ceux qu'ils jugent contraires à la morale, à la constitution et aux lois, il y a une prérogative qui ne peut leur être laissée, et que ni le bon sens ni la justice ne permettent de leur accorder, c'est le droit de juger les écoles libres. Ce droit avait pu être donné aux anciens conseils, parce que leur composition offrait toutes les garanties d'une juridiction impartiale; aujourd'hui que ces garanties n'existent plus, il ne saurait subsister. Notre humble voix se permet d'appeler en particulier sur ce point l'attention du Sénat. Nous conjurons le Sénat d'introduire pour le moins dans le projet un amendement qui confie aux tribunaux civils, comme la Chambre des pairs l'avait fait en 1844, l'appréciation des faits délictueux relevés contre un membre de l'enseignement libre et pouvant motiver contre lui ou la réprimande, ou la suspension, ou l'interdiction à toujours du droit d'enseigner. Un pareil amendement serait un nouveau témoignage des sentiments qui ont toujours animé la haute assemblée; et dans le triste naufrage de tant d'autres garanties que le radicalisme nous ravit, nous conserverions du moins la garantie suprême sans laquelle la liberté d'enseignement n'existerait plus que de nom.

Un courant d'opinion s'est formé, dit-on, en faveur des lois proposées par M. Jules Ferry; ce courant est irrésistible; la prudence conseille de ne pas le contrarier, si l'on veut le gouverner. Nous connaissons dans le parlement et hors du parlement d'honnêtes personnes qui tiennent ce langage et auxquelles sourit cette politique pusillanime. Nous ne saurions admettre, pour notre part, ni le fait lui-même que ces adhérents très peu convaincus, mais très timorés,

de lois détestables allèguent comme excuse de leur attitude, ni
conclusion pratique qu'il leur plaît de tirer d'un fait imaginaire.
l'opinion publique s'est prononcée clairement, c'est par le vote
conseils généraux, c'est par ce million et demi de pétitions adr
sées au Sénat, contre les atteintes portées par les projets du g
vernement à des libertés qui semblaient définitivement acqui
et déjà passées dans les mœurs. Il est vrai que dans quelques vi
du Midi, au milieu des cris : *Vive l'amnistie plénière!* on a
tendu retentir ceux de *Vive l'article 7!* mais les clameurs
s'élèvent de la fange des ruisseaux sont-elles donc le cri de
nation, et sommes-nous tombés tellement bas, qu'elles doiv
servir de règle à la politique intérieure de la France? Il peut en
dans les convenances de M. le ministre de l'instruction publique
les recueillir avidement et de s'en prévaloir; il est du devoir et
la dignité du législateur de les mépriser et de les oublier.

D'autres voix, des voix amies nous disent : A quoi bon vos effo
Que pouvez-vous contre ces projets dont sans doute le résulta
plus clair sera de blesser les consciences et de pervertir l'enseig
ment, mais qui sont l'œuvre préférée d'une faction puissante
inexorable? Nous sommes reconnaissants de ces charitables a
mais ils ne sauraient nous ébranler. Nous ne cherchons pas à n
faire illusion. Nous savons que la société française traverse des jo
d'épreuves dont il se peut que le terme soit encore éloigné. N
n'ignorons pas que les lois oppressives qui vont être discutées
Sénat, ne sont, dans la pensée de leurs auteurs, que la pré
d'autres lois pires encore. Mais nous partageons l'avis que M. L
pold Gaillard exprimait ici même, il y a quelques semaines; a
lui nous estimons que la lutte est un devoir, et que la résigna
atterrée et muette serait une faute et une aggravation du péril qu
société court. Quelle qu'en soit l'issue immédiate, la lutte pré
le succès à venir, et elle en rapproche l'échéance. Nous pouv
être vaincus demain; nous ne le serons pas toujours. Un te
viendra certainement où les funestes et ridicules nouveautés
nous avons combattues disparaîtront sous la réprobation uni
selle, sans laisser d'autres vestiges que les ruines qu'elles
ront accumulées comme tant d'autres utopies révolutionnaires.
France, les saines traditions, la justice et le bon sens peuvent s
une éclipse, mais l'éclipse ne dure pas. Un peu plus tôt, un
plus tard, la raison reprend ses droits et confond les téméraires
l'ont outragée.

Paris. — E. DE SOYE Fils, imprimeurs, place du Panthéon, 5.

* 9 7 8 2 0 1 3 5 8 5 6 5 1 *